SONATA DE OTOÑO
SONATA DE INVIERNO
Memorias del Marqués de Bradomín

LITERATURA

ESPASA CALPE

RAMÓN DEL VALLE-INCLÁN

SONATA DE OTOÑO
SONATA DE INVIERNO

Memorias del Marqués de Bradomín

Edición
Leda Schiavo

COLECCIÓN AUSTRAL

ESPASA CALPE

Primera edición: 31-V-1944
Decimonovena edición: 17-X-1994

© Sonata de Otoño: *María Beatriz del Valle-Inclán Blanco*
© Sonata de Invierno: *María Concepción Toledano del Valle-Inclán*
© *De esta edición: Espasa Calpe, S. A.*

—

Maqueta de cubierta: Enric Satué

—

Depósito legal: M. 29.097—1994
ISBN 84—239—1861—0

El texto de la presente edición reproduce el de las
últimas publicadas en vida del autor,
Imprenta Rivadeneyra, Madrid, 10 de marzo de 1933

Impreso en España/Printed in Spain
Impresión: UNIGRAF, S. L.

Editorial Espasa Calpe, S. A.
Carretera de Irún, km. 12,200. 28049 Madrid

ÍNDICE

INTRODUCCIÓN

Entre las obras de Valle Inclán, las *Sonatas* son las que más éxito tuvieron en vida del autor. Fueron publicadas en el siguiente orden: *Sonata de Otoño* (1902), *Sonata de Estío* (1903), *Sonata de Primavera* (1904) y *Sonata de Invierno* (1905). Antes de que aparecieran en forma de libro, Valle-Inclán publicó fragmentos en periódicos y revistas a partir de 1892. Tanto estos fragmentos como las sucesivas reediciones que se hicieron hasta su muerte en 1936 —ocho de la *Sonata de Invierno* y diez de las demás— fueron corregidos por el autor, por lo que podemos decir, sin exagerar, que trabajó en las *Sonatas* durante toda su vida. Con todas sus variantes forman un apasionante palimpsesto, un texto superpuesto de tachaduras y agregados, que fascina a los críticos con lo que parece un perpetuo movimiento. En esta edición hemos detenido el texto, al adoptar la última versión corregida por Valle-Inclán, es decir, la de 1933, tanto para la *Sonata de Otoño* como para la *Sonata de Invierno*.

La palabra «reescritura» es clave para las *Sonatas* en dos sentidos: primero, porque fueron corregidas obsesivamente; segundo, porque son una brillante reescritura irónica, tanto de los tópicos del simbolismo y de-

cadentismo europeos, como de los temas que obsesiona-
ban a los intelectuales españoles a fines del siglo pasado.

Las *Sonatas,* que en su conjunto constituyen lo mejor
de la prosa modernista castellana, son, a la vez, la suma
y la burla de los tópicos finiseculares: las perversida-
des sexuales, el sacrilegio, el uso de la imaginería mís-
tica para referirse a temas profanos, el satanismo, lo
macabro, el deleite en la enfermedad y en la agonía,
el esteticismo a ultranza, la búsqueda de analogías y
correspondencias, la preferencia por lo excepcional, lo
arquetípico, lo exótico, lo misterioso. Valle-Inclán se
burla también de temas que aparecen obsesivamente en
las revistas intelectuales del momento: el pesimismo de
Schopenhauer, el amoralismo nietzscheano, la exalta-
ción de la barbarie, el elogio de la mentira, la decaden-
cia de España, la fascinación por la música de Wagner.

Las *Sonatas* son obras excepcionales en el marco de
la literatura española contemporánea. Tal singularidad
hizo que al principio, aunque muy leídas, no contaran
con la aprobación de los críticos profesionales. Amado
Alonso, por ejemplo, necesitó justificarse en su artícu-
lo de 1928, al hablar de la *ejemplaridad* de las *Sona-
tas,* e hizo una breve reseña de las acusaciones con que
fueron recibidas: preciosismo, inhumanidad, insince-
ridad ideológica, plagio. Los acusadores no se dieron
cuenta de que Valle-Inclán estaba haciendo literatura
de la literatura: estaba reescribiendo textos, manipu-
lando tópicos, revirtiendo experiencias literarias. En su
tiempo, la búsqueda de la perfección formal, la pose
de maldito, la deliberada confusión de sensaciones en
la plasmación de las imágenes, la mezcla de intelectua-
lismo y sexualidad desenfrenada, el sondeo tanto de los
límites de la palabra y el sintagma como de los límites
entre el espíritu y la carne, el cielo y el infierno, tenían
que desconcertar, que producir desazón, ya que eran
lo que fue el modernismo: una provocación.

Al dar la más alta categoría estética a la novela eró-
tica finisecular, Valle-Inclán la hace texto obligado de

lectura. Si toda su obra (y su vida, que es también su obra) es una indagación de límites temáticos y estilísticos, en las *Sonatas* logró la perfección de convertir lo prohibido en indispensable.

Cuando en 1904 el periódico madrileño *El Globo* hizo una encuesta sobre la ganancia que obtenían los escritores con sus libros, la irónica respuesta de Valle-Inclán fue: «Todas mis esperanzas están puestas en un libro que publicaré dentro de algunos días: la *Sonata de Primavera*. Seguramente se venderán algunos centenares de miles, y con el dinero que me dejen, pienso restaurar los castillos del Marqués de Bradomín y comprarme un elefante blanco, con litera dorada, para pasearme por la Castellana.» Las *Sonatas* no le dieron tanto dinero, pero gracias a ellas Valle-Inclán se pasea en un metafórico elefante blanco con litera dorada por la prosa castellana.

VIDA Y LITERATURA

La confusión autor-narrador es otra de las claves de las *Sonatas*. Eduardo Zamacois dice que don Ramón del Valle-Inclán fue el primer escritor español que cultivó el arte de posar, y agrega: «Este preclaro maestro del idioma y excepcional sacerdote de la mentira, se movía en un mundo imaginario, enteramente suyo, y se identificaba tanto con sus personajes que después de leer sus "Sonatas", no sabríamos decir si el "Marqués de Bradomín" es obra de Valle-Inclán, o si éste hizo de su vida una parodia o remedo de la vida de Bradomín»[1].

Quizá los juicios de Zamacois son algo exagerados, pero lo cierto es que Valle-Inclán confundió lúcidamente la realidad y la ficción. Al escribir su «Autobiografía»

---

[1] *Un hombre que se va,* Buenos Aires, 1969, pág. 184.

para la revista *Alma Española* (27 de diciembre de 1903)
despliega el mundo imaginario de las *Sonatas,* en el que
estaba entonces sumergido, como parte de su vida: cree,
como Bradomín en la *Sonata de Invierno,* que la le-
yenda es más importante que la historia. Comienza pa-
rodiando el célebre autorretrato de Cervantes: «Este que
veis aquí...», así como Bradomín repetirá las palabras
del prólogo a la segunda parte del *Quijote* al referirse
a su manquedad: «¡Quién la hubiera alcanzado en la
más alta ocasión que vieron los siglos!» *(Sonata de In-
vierno,* pág. 156). Valle-Inclán hacía méritos para con-
vertirse en el segundo gran manco de España, como dijo
alguna vez. En la «Autobiografía» también se atribu-
ye, entre otras aventuras no menos delirantes, algunas
de la *Sonata de Estío,* después de haber dicho que el
muy noble Marqués de Bradomín era su tío... y que
como él, también era feo, católico y sentimental.

Detrás de tantas poses e innumerables anécdotas hay
que descubrir al Valle-Inclán entregado pacientemente
a la lectura y a la escritura, no menos que a la tertulia
de café, santuario de la bohemia y de la política. Tuvo
siempre ideas claras, a lo largo de toda su vida, sobre
los avatares de la historia de España, y las expresó en
su obra, en sus declaraciones públicas y en su corres-
pondencia. En los años previos a la guerra de 1914 fue
un carlista convencido y comprometido con su ideolo-
gía. Su segundo viaje a México y la lucha contra la dic-
tadura de Primo de Rivera radicalizaron sus opiniones
en contra de la monarquía alfonsina. Hay que separar
la paja del grano —y no es fácil, porque hay tanto
escrito— para ver, a través de la evolución de sus opi-
niones, su gran coherencia en la lucha contra la estupi-
dez y la injusticia. Pero la dimensión ética de Valle-Inclán
es pareja de su dimensión estética, lo que no es poco
decir. La vociferación del esperpento contra la España
oficial, chabacana y mentirosa, fue una más entre las
vociferaciones múltiples del hombre de carne y hueso,
comprometido en la búsqueda de una sociedad mejor.

FRAGMENTARIEDAD Y RECURRENCIA

Las *Sonatas* son novelas cortas eslabonadas, de posible lectura independiente pero con remisiones internas, lo que las hace obra unitaria. Verdad es que, si juzgamos por las remisiones internas, toda la obra de Valle-Inclán es unitaria y obsesivamente recurrente, como veremos enseguida.

Apareció la primera edición de la *Sonata de Otoño* precedida de la siguiente «Nota»:

> Estas páginas son un fragmento de las «Memorias Amables» que ya muy viejo empezó a escribir en la emigración el Marqués de Bradomín. Un Don Juan admirable. ¡El más admirable tal vez!
>
> Era feo, católico y sentimental.

La fragmentariedad de las *Sonatas* las hace contemporáneas: en este otro fin de siglo —y de milenio— el lector prefiere llenar los huecos, los espacios vacíos, y construir su modelo particular. Las *Sonatas* no son fragmentos de un discurso amoroso. Son fragmentos en los que no importa tanto el hilo narrativo, la unidad, como las piezas del modelo: las escenas, inmovilizadas como en un cuadro o en un poema. Interesa más el equilibrio de la composición que el devenir de la memoria del narrador.

Las cuatro estaciones sirven como alegoría de la vida del hombre. En la *Sonata de Primavera* encontramos a Bradomín en Italia, joven y atrevido, pero incapaz de lograr el amor de María Rosario. En la de *Estío* se embarca hacia México, donde la naturaleza tropical es marco de tempestuosas pasiones. La *Sonata de Otoño* tiene un Bradomín reflexivo y sutil, cuyos amores con Concha están admirablemente entretejidos con el otoñal ámbito gallego. En la *Sonata de Invierno* el héroe se despide del amor «acaso para siempre», y promete escribir sus *Memorias*.

Bradomín se fue gestando como personaje en la imaginación de Valle-Inclán mucho antes de que apareciera como narrador de las *Sonatas*. Y una vez plasmado, volverá a reaparecer hasta en las últimas obras: lo encontramos en *Águila de Blasón, Los Cruzados de la Causa, Una Tertulia de Antaño, Luces de Bohemia,* en la trilogía de *El Ruedo Ibérico* y en una obra de teatro que es, en gran parte, refundición de las *Sonatas: El Marqués de Bradomín. Coloquios Románticos* (1907).

Cada vez que reaparece, la figura de Bradomín se superpone, ligeramente desplazada, a las anteriores: el mito del eterno retorno nos acecha continuamente en la obra de Valle-Inclán, en niveles múltiples. La recurrencia obsesiva de temas, situaciones, personajes, frases, tiene que ver con los mitos de reunificación que forman parte de la teoría simbolista. Tanto los supuestos «plagios» de Valle como sus repeticiones deben estudiarse teniendo en cuenta los criterios estéticos que expuso en *La Lámpara Maravillosa:* «Toda expresión suprema de arte se resume en una palpitación cordial que engendra infinitos círculos, es un centro y lleva consigo la idea de quietud y de eterno devenir, es la beata aspiración» *(La piedra del sabio,* IV).

LOS FILTROS

Gracias a la posibilidad de variadas lecturas que ofrece, la obra de Valle-Inclán es capaz de atraer a toda una extensa gama de lectores, desde los más ingenuos a los más sofisticados. En las *Sonatas* logra superar la barrera del tiempo y de una estética tan distante de la sensibilidad actual, con el humor y la ironía.

La «Nota» introductoria debería haber alertado a los críticos sobre el tenor de lo que iban a leer: no es fácil encontrar un don Juan feo, católico y sentimental. Sin embargo, no todos percibieron el humor.

Y es que el humor y la ironía dan profundidad a la narración, a la vez que la subvierten. En la *Sonata de Invierno,* por ejemplo, se usa el tópico decadentista del elogio de la mentira para pasar revista a los tópicos noventaiochistas que, después de tanta literatura escrita al respecto y a casi un siglo de distancia, resultan excitantes: la pérdida de «las Indias», las viejas ciudades castellanas, la prédica antitaurina, etc.

Otros filtros, otro juego de espejos ilusorios, tiene que ver con la voz narrativa. Una voz asume los juicios de la «Nota» introductoria: nos dice, a la vez que enjuicia al narrador, que el yo de la narración va a hablarnos de un yo alejado en el tiempo y el espacio.

Todo el resto lo conocemos a través de Bradomín. Los otros filtros, queda dicho arriba, son los espaciales y temporales, inevitablemente entremezclados con el intrincado sujeto de la narración. Éste filtra los sentimientos de los otros personajes: «... un estremecimiento de espanto recorrió mi cuerpo y apenas pude sofocar un sollozo, pero Isabel debió pensar que eran muestras de amor. ¡Ella no supo jamás por qué yo había ido allí» *(Sonata de Otoño,* págs. 99-100).

Bradomín escribe sus *Memorias* cuando es viejo, creando así lo que hemos llamado filtros temporales: «Como soy muy viejo, he visto morir a todas las mujeres por quienes en otro tiempo suspiré de amor.» Tratando de recuperar el tiempo perdido, evoca diferentes ayeres —«De una cerré los ojos, de otra tuve una triste carta de despedida...»— que a veces son un futuro con respecto al acontecimiento que va a narrar: «Por guardar eternamente un secreto, que yo temblaba de adivinar, buscó la muerte aquella niña...» También está el presente de la escritura: «Hoy, después de haber despertado amores muy grandes, vivo en la más adusta soledad del alma...» Todas estas citas pertenecen al primer párrafo de la *Sonata de Invierno.*

En la *Sonata de Otoño,* Bradomín comienza citando una carta de Concha que ya hace mucho tiempo ha perdido. La acción comienza al recibir la carta, pero en su transcurso se evocan, en pasados consecutivos, las etapas de la relación amorosa, y también el futuro: «El día de quemar aquellas cartas no llegó para nosotros [...]. Cuando murió Concha, en el cofre de plata, con las joyas de la familia, las heredaron sus hijas» (pág. 61).

Hay que agregar que Bradomín suele distanciarse irónicamente de su «realidad», idealizando el pasado, enjuiciando sus propios actos o modelándose tras actitudes ideales, de prestigio histórico y literario: «Y nos besamos con el beso romántico de aquellos tiempos. Yo era el Cruzado que partía a Jerusalén, y Concha la Dama que le lloraba en su castillo al claro de la luna» (pág. 74).

UN DON JUAN ADMIRABLE

Pero quizá el filtro más importante es el arquetipo literario sobre el que se modela el personaje: la «Nota» inscribe a Bradomín en la tradición donjuanesca, lo que nos lleva a construir la lectura a partir del acercamiento, el distanciamiento o la superposición del héroe a un modelo conocido.

También Bradomín ofrece contraimágenes de sí mismo en las *Memorias,* contraimágenes que se llenan de resonancias cuando nos obligan a compararlo con autores libertinos: Pedro Aretino, Jacobo Casanova, el Marqués de Sade. Bradomín es, como ellos, un hombre de biblioteca, un libertino erudito que nos hace participar del goce de sus lecturas. Suele distanciarse de su «realidad» buscando un modelo literario, y en este sentido parece víctima de sus lecturas, como don Quijote.

Hombre de su tiempo, nuestro marqués participa de las ideas sobre la gratuidad del arte: «Yo no aspiro a enseñar sino a divertir» (pág. 183), dice al referirse al futuro libro de su vida, creyendo, como Poe, en la herejía de la didáctica *(l'hérésie de l'enseignement,* en la traducción de Baudelaire).

Aunque las citas directas sean tan abundantes, muchas más son las indirectas, que adivinamos tras las palabras o los gestos de Bradomín. La crítica las ha ido descubriendo y las ha clasificado, unas veces, de pecaminoso plagio, y otras, de sofisticada intertextualidad.

UN DON JUAN CATÓLICO

Verdad es que los donjuanes de la literatura suelen ser católicos, pero las resonancias que esta palabra tenía en el novecientos y en el contexto de las *Sonatas* eran muy diferentes de las que podían tener en Tirso o en Zorrilla. Basta recordar las conversaciones ruidosas de los autores decadentistas. Por ejemplo, la de Barbey d'Aurevilly —a quien Bradomín llama «mi noble amigo» en la *Sonata de Estío*— que después de su conversión al catolicismo produce un gran escándalo con *Les diaboliques,* libro condenado y secuestrado por inmoral. La fórmula de su éxito fue unir sensualidad y religión y por esto lo admira Des Esseintes, el héroe de Huysmans.

Verlaine, Beardsley, Wilde, Huysmans, son pecadores arrepentidos que se convierten al catolicismo. Después de leer *À rebours,* Barbey d'Aurevilly opinó que a su autor sólo le quedaban dos caminos: «la boca de una pistola o los pies de un crucifijo.» Sin embargo, antes de ingresar en una abadía benedictina como oblato, Huysmans transitó todavía los temas de clérigos sacrílegos, misas negras, el satanismo, el ocultismo, las leyendas sanguinarias y perversas, en *Là bas.* Hablando de la conversión de Huysmans al catolicismo, dice Rémy de Gourmont: «Yo creía que para él, lo mismo que para mí, el decorado del catolicismo no era más que un decorado. No viendo en la pompa litúrgica más que un método de arte, un ambiente romántico, un arma de guerra contra la fealdad del naturalismo, estaba yo lejos de suponer que bajo el cortinaje de púrpura y oro buscaba Huysmans realidades dogmáticas»[2].

Los decadentistas fueron, sin duda, hedonistas con excitantes remordimientos de conciencia, y trasladaron estos problemas a sus obras: la conciencia de la transgresión, la voluptuosidad en el mal, el satanismo, son en este momento la contrapartida necesaria del catolicismo. El esteticismo vinculado con la pompa de la religión y los objetos del culto católico, que afecta también a Bradomín, tiene infinitos antecedentes: el protagonista de *O crimen do Padre Amaro* de Eça de Queiroz llega a afirmar que «Dios era su lujo»; Des Esseintes se siente siempre atraído por el catolicismo, desde su infancia pasada con los jesuitas, y se conmueve con el encanto de las ceremonias religiosas; también Dorian Gray —el protagonista de la novela de Wilde, que ha leído a Huysmans— «tenía una pasión especial por las vestimentas eclesiásticas, como por cierto la tenía también por todo lo conectado con el servicio de la iglesia».

Para la génesis del «don Juan católico» interesa también recordar un fragmento de *Una Tertulia de Antaño* (1909) que Valle-Inclán refunde en *La Corte de los Milagros* (1927). Creo que vale la pena compararlos. El primero dice:

> Reclinado en una consola, el caballero legitimista, permanecía un poco apartado. El Vizconde de Chateaubriand solía adoptar una actitud parecida, ante una gran consola dorada, en el salón de Madama de Recamier.

---

[2]   Citado por Vicente Blasco Ibáñez en el prólogo a la traducción de *À rebours* para *La novela literaria*.

La acción de *Una Tertulia de Antaño* transcurre durante la proclamación de Alfonso XII, por lo que Bradomín tiene aproximadamente la misma edad que en la *Sonata de Invierno*. En *La Corte de los Milagros,* cuya acción tiene lugar en los primeros meses de 1868, Bradomín aparece caracterizado así:

> El Marqués de Bradomín, en pie, de espaldas a la monumental consola, adoptaba la actitud de galante melancolía que, como suprema lección de donjuanismo, legó a los liones de Francia el Señor Vizconde de Chateaubriand (Libro III, VI).

Chateaubriand, uno de los autores románticos precursores del decadentismo, figura como modelo de Bradomín. Del autor de *René* deriva la melancolía aristocrática, el catolicismo atormentado y sensual, la defensa de las causas perdidas, el exilio elegante. Forzado a emigrar en 1792, Chateaubriand lleva en sus maletas el manuscrito que más valora: las *Mémoires d'Outre-Tombe*. Va a América, a deslumbrarse con la naturaleza y con Atala, como Bradomín con la Niña Chole. Falta decir, para encontrar más paralelos, que el primer fragmento que se integraría luego en las *Memorias del Marqués de Bradomín* fue escrito bajo la impresión de la naturaleza americana y se titula *Bajo los Trópicos* (1892).

LA «SONATA DE OTOÑO»

La *Sonata de Otoño* fue el primer fragmento de las *Memorias del Marqués de Bradomín* que apareció en forma de libro.

El escenario ideal de esta melancólica estación del año es Galicia, fría y lluviosa. Y un palacio dieciochesco donde agoniza una mujer. Desde el primer párrafo —como en la *Sonata de Invierno*— conocemos el final, clara indicación de que no es al desenlace a lo que debemos estar atentos.

En la *Sonata de Otoño* Valle-Inclán parece seguir la receta propuesta en «The Philosophy of Composition» por Edgar Allan Poe, quien, tras afirmar que la melancolía es el más legítimo de los tonos poéticos, agrega:

> De todos los temas melancólicos, ¿cuál lo es más, según consenso universal? La respuesta obvia era: la muerte. ¿Y cuándo —me pregunté— es más poético el más melancólico de los temas? [...] la respuesta era obvia: Cuando está más estrechamente ligado a la *Belleza:* la muerte, pues, de una hermosa mujer es incuestionablemente el tema más poético del mundo. También está fuera de toda duda que los labios más adecuados para expresar ese tema son los de un amante que ha perdido a su amada.

Poe no hace más que referirse a un arquetipo femenino firmemente establecido en la literatura y en las artes plásticas. Valle-Inclán no sigue minuciosamente las pautas para construir ese arquetipo, sino que suma pautas contradictorias: este es uno de los *estremecimientos* que la visión modernista de la realidad trata de comunicar.

Concha es, en una de sus facetas, la heroína lánguida y enferma que agoniza en un suntuoso entorno, rodeada de flores y aves. Vestida de blanco como una monja —y también como un fantasma— parece estar preocupada principalmente por problemas espirituales. La imagen de la mujer monja y/o virgen sumada a la de la mujer enferma aparece subvertida por la pasión erótica de Concha. Esta pasión la hace olvidarse de todo: el miedo al infierno, la respetabilidad familiar, la pasividad y el desinterés por las cosas prácticas que se esperarían de ella.

El tema de la mujer agonizante, que se consume lentamente con sublime aceptación de su martirio, había producido fascinación estética e ideológica en el siglo XIX. A este tema se superpone, en el cruce de los siglos XIX y XX, el de la fatalidad e inevitabilidad de la lujuria: «¡Pobre Concha!... Tan demacrada y tan pálida, tenía la noble resistencia de una diosa para el placer» (pág. 67). Lujuria que, para los pecadores vergonzantes de la época, tiene el hechizo suplementario del sacrilegio y, en la cita que sigue, de un vampirismo sutil:

> La besé temblando como si fuese a comulgar su vida. Con voluptuosidad dolorosa y no gustada hasta entonces, mi alma se embriagó en aquel perfume de flor enferma que mis dedos deshojaban consagrados e impíos (págs. 67-68).

La larga cita vale por la condensación de tópicos finiseculares: la imaginería religiosa, la morbosidad, el sadomasoquismo, el tema de la mujer-flor más el de la flor enferma, el perfume. La transgresión incluye los límites semánticos de la palabra, pues *dedos consagrados* sugiere la doble acepción religiosa y profana del adjetivo.

El Bradomín de la *Sonata de Otoño* es quizá el don Juan más atípico de las cuatro: «juega» un papel en cierto modo pasivo. Es Concha la que lo reclama, después de dos años de separación, y él acude, como cumpliendo con un deber. Pero aclara que en esos dos años había esperado la resurrección de sus amores: no ha podido olvidar a Concha, como no podrá olvidarla después de muerta; el perfume de su amante lo persigue.

El espacio físico de la narración se entremezcla admirablemente con el espacio sentimental: es en esta *Sonata* donde los símbolos están más sutilmente trabajados. De entre ellos, el laberinto es el que provoca más asociaciones. El amor de Bradomín por Concha es un laberinto del que no puede salir, algo que lo asusta y lo atrae al mismo tiempo, como el laberinto del jardín.

El laberinto misterioso y verde de afuera se continúa
en el palacio; el recorrido que hace la pareja por salas,
salones y corredores es un intrincado recorrido espa-
cial y temporal: «... exhalábase del fondo silencioso y
oscuro el perfume lejano de otras vidas» (pág. 57).

Concha muere y Bradomín piensa dos veces en huir,
pero no lo hace. Tiene que recorrer el laberinto del Pa-
lacio con el cadáver en brazos mientras oye el borbo-
teo del agua en la fuente «sin alma y sin edad» del la-
berinto del jardín. Vuelve atrás y se extravía. Por fin
deja el cuerpo de Concha en el lecho, pero duda si debe
volver atrás a darle un beso. Cuando a la mañana si-
guiente mata al milano que va a atacar a las palomas
en el centro del laberinto, más que una proyección de
su culpa parece una ceremonia de exorcismo: el Arcán-
gel de la muerte, que se había aparecido a Concha en
un sueño, se ha transformado en ave negra, y quizá ma-
tarlo sea la única manera de matar a la muerte.

El texto mismo de la *Sonata* es un laberinto: se nos
pierde el hilo de la narración y tenemos que volver atrás
para reencontrarlo. El narrador nos ayuda con las fre-
cuentísimas repeticiones, que, además de ser un señue-
lo, dan ese ritmo tan característico a la prosa. Tanto
el tratamiento del tiempo de la narración y el tiempo
de lo narrado, como el uso de los tiempos verbales
—imperfecto, indefinido, presente histórico—, susci-
tan, con su vaivén, la imagen del laberinto.

MONTENEGRO Y LA GALICIA FEUDAL

Juan Manuel Montenegro es un personaje a quien
Valle-Inclán ha recreado casi con tanto cuidado como
a Bradomín. Esbozado en obras primeras, aparece en
la *Sonata de Otoño* con rasgos que obligan a compa-
rarlo con el protagonista. Montenegro será más tarde
el héroe trágico de las *Comedias Bárbaras* y una figu-
ra secundaria en la trilogía de *La Guerra Carlista*.

Mientras Bradomín observa con distanciamiento estético y melancólica ternura las supervivencias feudales de Galicia, Montenegro las defiende y las disfruta. Está construido sobre el arquetipo del señor feudal, más los rasgos del «anarquista aristocrático» que tanta fascinación produjo a fin de siglo: es el superhombre que tiene sus propias reglas y desprecia la moral de los esclavos. No es hombre de libros, como Bradomín, sino de acción. Sus preferencias y actividades están aclaradas con minucia en la escena de la biblioteca: chalanear en las ferias, jugar en las villas, beber y comer en las fiestas parroquiales (pág. 69). Los «cien ahijados» que Bradomín le atribuye (pág. 51) sugieren que Montenegro seguía practicando el derecho de pernada, sugerencia que se continúa en las *Comedias Bárbaras*.

Aunque Valle-Inclán no es un autor realista, se apoya en la realidad mucho más de lo que a primera vista podemos sospechar. Su mundo, que parece pura construcción literaria, tiene inesperados contactos con la realidad. La Galicia que representa, la de mediados del siglo XIX, es fundamentalmente verídica. Este vaivén entre lo apócrifo, lo ideal y lo real, este sondeo en los límites de la verosimilitud, es otro de los laberintos que cualquier obra de Valle-Inclán nos obliga a recorrer.

LA «SONATA DE INVIERNO»

El duro paisaje invernal de Navarra es el escenario de la última aventura de un don Juan que sufre «el primer frío de la vejez, más triste que el de la muerte». El paisaje acompaña, como en las restantes *Sonatas,* el estado de ánimo del protagonista: «Sobre la ciudad nevada, el claro de luna caía sepulcral y doliente» (pág. 135). A esto se suma el declinar de la tercera guerra carlista, ya próxima la derrota. Bradomín se pasea entre personajes históricos, lo que se repetirá en sus apariciones en textos posteriores.

La acción transcurre después de la restauración de Alfonso XII en el trono. En gran parte, en la ciudad de Estella, que fue corte del pretendiente Carlos VII desde fines de agosto de 1873 hasta el 19 de febrero de 1876. La pareja real —don Carlos y doña Margarita— aparece idealizada, como si fueran reyes medievales que ya hubieran pasado, inalterables y magníficos, por la historia. La idealización incluye, dentro del mundo de las *Sonatas,* que el rey corra aventuras galantes con Bradomín. El narrador cuenta minuciosamente las suyas, dejándonos, de su encuentro con María Antonieta, una página insuperable para una posible antología de escenas eróticas. También ella, como Concha, lucha con sus remordimientos, ya que tiene «alma de santa y sangre de cortesana». Cuando su marido, Volfani, yendo de juerga con el Rey, sufre un «accidente» que viene a ser la contrapartida grotesca de la muerte de Concha, María Antonieta encuentra el modo de purgar sus pecados. Erotismo, muerte, sacrilegio, siguen entrelazándose con otros tópicos finiseculares, como veremos en seguida.

La *Sonata de Invierno* es la más saturada de tópicos decadentistas, quizá por ser la de la decadencia irreversible del protagonista. Bradomín logra convertir el carlismo en tópico literario al decir que para él «tiene el encanto solemne de las grandes catedrales», siguiendo la tradición esteticista de Gautier o Huysmans. Hallar «más bella la majestad caída que sentada en el trono» forma parte de la cosmovisión del célebre *Plainte d'automne* de Mallarmé: «Yo he amado todo lo que se resume en esta palabra: caída.» Valle-Inclán explota las relaciones entre estética e ideología a través de su personaje.

El «milagro musical» de las palabras, su posibilidad de comunicar no por su sentido —por su referencia a la realidad— sino por su referencia a la palabra misma es tema simbolista que Valle-Inclán expone en la segunda parte de *La Lámpara Maravillosa* y que reitera en *Divinas Palabras*. En la *Sonata de Invierno* se engarza cuando Bradomín expresa la emoción que le produce escuchar la prédica de un cura en «lengua vascongada», sin entenderla. En la misma línea una referencia al uso de la lengua latina se enlaza con la evocación de la homosexualidad: «El efebo me habló en latín, y en sus labios el divino idioma evocaba el tiempo feliz en que otros efebos, sus hermanos, eran ungidos y coronados de rosas por los emperadores» (pág. 166). Bradomín se lamenta tanto de no poder gozar del «bello pecado» como de no poder hacer la felicidad de su hija. Homosexualidad e incesto no podían faltar en este catálogo de perversidades que, en su dimensión menor, son las *Sonatas*. Poco antes, en la misma página, Bradomín hace el elogio de la barbarie y de la criminalidad heroica, juntando el desprecio nietzscheano por el hombre convertido en animal doméstico, a la defensa estética del horror, tema este al que Mario Praz ha dedicado un capítulo indispensable en *La carne, la muerte y el diablo en la literatura romántica*.

Hay otro párrafo que exigiría una exégesis prolongada, por la cantidad de tópicos que se relacionan y por las variantes que aparecen en las diversas ediciones, lo que indica que Valle-Inclán le dedicó una atención especial. Me refiero a aquel en el que Bradomín se burla del tema de la regeneración de España y propone un amoralismo que esté «más allá del bien y del mal», al mismo tiempo que propone una solución casi humorística al tema schopenhaueriano de las desdichas del hombre sobre la tierra: la alternativa sería renunciar a la reproducción alegremente, coronando a Safo y a Ganimedes (pág. 141).

La presencia de Rubén Darío es casi una constante en la obra de Valle-Inclán. La amistad entre los dos escritores era estrecha en la época de publicación de las *Sonatas*, como lo demuestra el soneto «autumnal» que encabeza las ediciones de Austral. Las preferencias estéticas son las mismas y los tópicos, comunes. Además, a Valle-Inclán le gusta contaminar sus textos y así, por ejemplo, María Antonieta ruge como la faunesa antigua del poema *Ite Missa est* de Darío.

Considerar la vida como un texto y viceversa fue uno de los grandes temas del movimiento decadentista y simbolista; forma parte de esta imaginación asociar el sexo con la escritura, tal como lo hizo Freud en la misma época. Si la lujuria es para Bradomín la madre de la divina tristeza (pág. 133), como lo es para Darío, Mallarmé había dicho que a la tristeza de la carne se suma la de haber leído todos los libros. Para Bradomín, como para Mallarmé, todo en el mundo existe para acabar en un libro: el libro de sus *Memorias,* en este caso, en el que el acto de escribir suplanta y duplica el acto de amor.

LA CRÍTICA DE LAS «SONATAS»

Lo que sigue es un resumen, no exhaustivo, de algunos aspectos de la crítica sobre estas obras, en especial sobre la *Sonata de Otoño* y la *Sonata de Invierno.*

Las *Sonatas* fueron enjuiciadas severamente por Julio Casares en *Crítica profana,* Madrid, 1916 (reeditado por Austral), donde quiso demostrar que Valle-Inclán no hacía más que reescribir su propia obra y la ajena. Denunció la escena en que Bradomín lleva en brazos el cadáver de Concha como plagio de *Le rideau cramoisi,* uno de los seis cuentos de *Les diaboliques* de Barbey d'Aurevilly. También denuncia «plagios» de D'Annunzio y de Casanova en la *Sonata de Primavera.*

Amado Alonso llama «ejemplares» a las *Sonatas* en su artículo de 1928 titulado «Estructura de las *Sonatas* de Valle-Inclán», que ahora puede leerse en *Materia y forma en poesía,* Madrid, Gredos, 1977. Después de pasar revista a críticos poco elogiosos, se refiere al entrelazamiento de los temas principales: Amor, Muerte y Religión. Estudia la capacidad de evocación de la prosa, el vocabulario, y dedica al final un largo apartado a los autores que influyeron sobre Valle-Inclán.

En 1948 Enrique Anderson Imbert publicó un artículo muy poco entusiasta, que está recopilado en *Crítica interna* (Madrid, Taurus, 1960) y en Anthony N. Zahareas (ed.), *Ramón del Valle-Inclán. An Appraisal of his Life and Works,* Nueva York, Las Américas, 1968 (en adelante *Zahareas...).* Anderson Imbert considera que Valle-Inclán hace «juegos de prestidigitación».

Los dos artículos anteriores y el libro más importante sobre las *Sonatas* fueron publicados, casualmente, en Buenos Aires. Me refiero al de Alonso Zamora Vicente, *Las «Sonatas» de Ramón del Valle-Inclán. Contribución al estudio de la prosa modernista,* Universidad de Buenos Aires, 1951 (reeditado por Gredos, 1966). Zamora estudia los temas, los recursos estilísticos, la musicalidad de la prosa, y todos los recursos de la prosa modernista. Muestra gran admiración por el arte de Valle-Inclán. Al reseñar el libro en 1957, Helmut Hatzfeld *(Comparative literature,* IX, págs. 186-187) todavía habla del «irresponsable esteticismo de las *Sonatas»* y recusa las perversidades, obscenidades y blasfemias de su autor.

Otro estudio de la década del cincuenta, que vale tanto por su percepción crítica como por estudiar a Valle-Inclán en el marco de la literatura europea, es el de Franco Meregalli, *Studi su Ramón del Valle-Inclán,* Venecia, Librería Universitaria, 1958; ahora en *«Parole nel tempo». Studi su scrittori spagnoli del Novecento,* Milán, U. Mursia & C., 1969, págs. 25-85.

En la década siguiente, dos críticos celebraron el humor de Valle-Inclán: me refiero a Juan Ruiz de Galarreta y su *Ensayo sobre el humorismo en las «Sonatas» de Valle-Inclán,* La Plata, 1962 (tema que retoma en el número de homenaje de *Cuadernos Hispanoamericanos,* julio-agosto de 1966, 199-200, en su artículo «El humorismo de Valle-Inclán», págs. 65-99). El otro es José Alberich, quien pu-

blicó un estudio fundamental: «Ambigüedad y humoris-
mo en las *Sonatas* de Valle-Inclán», *Hispanic Review,*
XXXIII, 4, 1965, págs. 360-382, reimpreso en *La popu-*
laridad de Don Juan Tenorio y otros ensayos de literatu-
ra española moderna, San Antonio de Calonge, Aubí,
1982.

Sobre el problema de la reescritura de las *Sonatas* son
de imprescindible lectura Emma Susana Speratti-Piñero,
«Génesis y evolución de *Sonata de Otoño*», *Revista His-*
pánica Moderna, XXV, 1-2, enero-abril de 1959, reedita-
do en *De «Sonata de Otoño» al esperpento. Aspectos del*
arte de Valle-Inclán, Londres, Tamesis Books, 1968, y los
tres capítulos que Eliane Lavaud les dedica en su *Valle-*
Inclán. Du journal au roman (1888-1915), Klincksieck,
1980.

La geografía y los ámbitos reales donde se desarrolla
la *Sonata de Otoño* pueden disfrutarse ahora en las foto-
grafías y el texto de *El mundo gallego de Valle-Inclán,* de
William Smither, Ed. do Castro, La Coruña, 1986. *La Ga-*
licia decimonónica en las «Comedias Bárbaras» de Valle-
Inclán, de María del Carmen Porrúa, da buena idea del
trasfondo histórico y sociológico de la misma *Sonata.*

Sobre estructura narrativa puede verse «El tiempo en
Sonata de Otoño», de Rodolfo Cardona, en *Zahareas...*
págs. 216-223.

Dos artículos recientes han relacionado las *Sonatas* con
obras contemporáneas de la llamada Generación del 98:
Antonio Vilanova, «El tradicionalismo anticastizo, uni-
versal y cosmopolita de las *Sonatas* de Valle-Inlcán», en
Homenaje a Antonio Sánchez Barbudo. Ensayos de lite-
ratura española moderna, University of Wisconsin-
Madison, 1981, págs. 353-394, y Jorge Urrutia, «Estruc-
tura, significación y sentido de *Sonata de Otoño*», en *Phi-*
lologia Hispaniensia in honorem Manuel Alvar, IV, Ma-
drid, Gredos, págs. 451-458.

«Del Marqués de Sade a Valle-Inclán», de Manuel
Durán, *Asomante,* 1954, 2, págs. 40-47, es el mejor ensa-
yo breve sobre la influencia de Sade en la literatura del

siglo XIX, y su superación y asimilación en el modernismo de Valle-Inclán. Sobre un tema análogo incide Robert Marrast, «Religiosidad y satanismo, sadismo y masoquismo en la *«Sonata de Otoño»*, *Cuadernos Hispanoamericanos,* julio-agosto de 1966, 199-200, págs. 482-492.

El tema del dandismo de Bradomín en relación con los escritos de Barbey d'Aurevilly y Baudelaire, y con la ideología subyacente, lo desarrolla Verity Smith en «Dandy elements in the Marqués de Bradomín», *Hispanic Review,* XXXII, 1964, págs. 340-350.

Sobre el tema de don Juan véase Eliane Lavaud-Fage, «Las *Sonatas:* un ejemplo de deconstrucción», en *Leer a Valle-Inclán en 1986, Hispanística* XX, Université de Dijon, págs. 49-72.

Roberta Salper estudia las relaciones entre autor y personaje en «Valle-Inclán and the Marqués de Bradomín», *Zahareas...,* págs. 230-240, teniendo en cuenta la *Sonata de Invierno* y la obra de teatro titulada *El Marqués de Bradomín. Coloquios románticos,* refundición de *Sonata de Otoño* y *Flor de Santidad.* Un paralelo entre Bradomín y Montenegro en Guillermo Díaz-Plaja, *Las estéticas de Valle-Inclán,* Madrid, Gredos, 1965.

Un minucioso estudio de algunas imágenes-símbolos (rosas, flores; llama, Cristo, Nazareno; jardín, fuente, laberinto) en Robert Weber, «Unidad y figuras en la *Sonata de Otoño* de Valle-Inclán», *Cuadernos Hispanoamericanos,* julio de 1968, 223, págs. 179-197. Una monografía magistral de Georges Günter suma rigor crítico y perspicacia. Me refiero a «La fuente en el laberinto: Las *Sonatas* de Valle-Inclán», publicada en el *Boletín de la Real Academia Española,* LIII, septiembre-diciembre de 1973, págs. 543-567.

Sobre la influencia de Chateaubriand en Valle-Inclán: André Joucla-Ruau, «De François-René a Ramón María: Chateaubriand, source de Valle-Inclán?», en *Mélanges a la mémoire de Jean Sarrailh,* I, 1966, pági-

nas 445-461. Otro buen estudio de influencias es el de
Bárbara Terry, sobre todo por su lectura exhaustiva de
Casanova y Barbey en relación con nuestro autor, en
«The influence of Casanova and Barbey d'Aurevilly on
the *Sonatas* of Valle-Inclán», *Revista de Estudios His-
pánicos* (Alabama), 1967, 1, págs. 61-88. Más conta-
minaciones o refracciones registra Noël Valis en «Valle-
Inclán's *Sonata de Otoño:* Refractions of a French
Anarchist», *Comparative Literature Studies,* XXII, 2,
1985, págs. 218-230, sobre Mirabeau, *Le journal d'une
femme de chambre.*

Y, en fin, sobre la influencia de autores gallegos véase
J. Rubia Barcia, «Valle-Inclán y la literatura gallega»,
Revista Hispánica Moderna, XXI, 1955; ahora en *Mas-
carón de proa. Aportaciones al estudio de la vida y de
la obra de don Ramón María del Valle-Inclán y Mon-
tenegro,* Ed. do Castro, La Coruña, 1983.

LEDA SCHIAVO.

SONATA DE OTOÑO

MEMORIAS DEL MARQUÉS DE BRADOMÍN

«¡Mi amor adorado, estoy muriéndome y sólo deseo verte!» ¡Ay! Aquella carta de la pobre Concha se me extravió hace mucho tiempo. Era llena de afán y de tristeza, perfumada de violetas y de un antiguo amor. Sin concluir de leerla, la besé. Hacía cerca de dos años que no me escribía, y ahora me llamaba a su lado con súplicas dolorosas y ardientes. Los tres pliegos blasonados traían la huella de sus lágrimas, y la conservaron largo tiempo. La pobre Concha se moría retirada en el viejo Palacio de Brandeso, y me llamaba suspirando. Aquellas manos pálidas, olorosas, ideales, las manos que yo había amado tanto, volvían a escribirme como otras veces. Sentí que los ojos se me llenaban de lágrimas. Yo siempre había esperado en la resurrección de nuestros amores. Era una esperanza indecisa y nostálgica que llenaba mi vida con un aroma de fe: Era la quimera del porvenir, la dulce quimera dormida en el fondo de los lagos azules, donde se reflejan las estrellas del destino. ¡Triste destino el de los dos! El viejo rosal de nuestros amores volvía a florecer para deshojarse piadoso sobre una sepultura.

¡La pobre Concha se moría!

Yo recibí su carta en Viana del Prior, donde cazaba

todos los otoños. El Palacio de Brandeso está a pocas leguas de jornada. Antes de ponerme en camino, quise oír a María Isabel y a María Fernanda, las hermanas de Concha, y fui a verlas. Las dos son monjas en las Comendadoras. Salieron al locutorio, y a través de las rejas me alargaron sus manos nobles y abaciales, de esposas vírgenes. Las dos me dijeron, suspirando, que la pobre Concha se moría, y las dos, como en otro tiempo, me tutearon. ¡Habíamos jugado tantas veces en las grandes salas del viejo Palacio señorial!

Salí del locutorio con el alma llena de tristeza. Tocaba el esquilón de las monjas: Penetré en la iglesia, y a la sombra de un pilar me arrodillé. La iglesia aún estaba oscura y desierta. Se oían las pisadas de dos señoras enlutadas y austeras que visitaban los altares: Parecían dos hermanas llorando la misma pena e implorando una misma gracia. De tiempo en tiempo se decían alguna palabra en voz queda, y volvían a enmudecer suspirando. Así recorrieron los siete altares, la una al lado de la otra, rígidas y desconsoladas. La luz incierta y moribunda de alguna lámpara, tan pronto arrojaba sobre las dos señoras un lívido reflejo, como las envolvía en sombra. Yo las oía rezar medrosamente. En las manos pálidas de la que guiaba, distinguía el rosario: Era de azabaches, y la cruz y las medallas de lucientes oros. Recordé que Concha rezaba con un rosario igual y que tenía escrúpulos de permitirme jugar con él. Era muy piadosa la pobre Concha, y sufría porque nuestros amores se le figuraban un pecado mortal. ¡Cuántas noches al entrar en su tocador, donde me daba cita, la hallé de rodillas! Sin hablar, levantaba los ojos hacia mí indicándome silencio. Yo me sentaba en un sillón y la veía rezar: Las cuentas del rosario pasaban con lentitud devota entre sus dedos pálidos. Algunas veces, sin esperar a que concluyese, me acercaba y la sorprendía. Ella tornábase más blanca y se tapaba los ojos con las manos. ¡Yo amaba locamente aquella boca dolorosa, aquellos labios trémulos y contraídos, helados como los de una muerta! Concha desasíase nerviosamente, se levantaba y ponía el rosario en un joyero. Después, sus brazos rodeaban mi cuello, su cabeza desmayaba en mi hombro, y lloraba, lloraba de amor, y de miedo a las penas eternas.

Cuando volví a mi casa había cerrado la noche: Pasé la velada solo y triste, sentado en un sillón cerca del fuego. Estaba adormecido y llamaron a la puerta con grandes aldabadas, que en el silencio de las altas horas parecieron sepulcrales y medrosas. Me incorporé sobresaltado, y abrí la ventana. Era el mayordomo que había traído la carta de Concha, y que venía a buscarme para ponernos en camino.

* * *

El mayordomo era un viejo aldeano que llevaba capa de juncos con capucha, y madreñas. Manteníase ante la puerta, jinete en una mula y con otra del diestro. Le interrogué en medio de la noche.

—¿Ocurre algo, Brión?

—Que empieza a rayar el día, Señor Marqués.

Bajé presuroso, sin cerrar la ventana que una ráfaga batió. Nos pusimos en camino con toda premura. Cuando llamó el mayordomo aún brillaban algunas estrellas en el cielo. Cuando partimos oí cantar los gallos de la aldea. De todas suertes no llegaríamos hasta cerca del anochecer. Hay nueve leguas de jornada y malos caminos de herradura, trasponiendo monte. Adelantó su mula para enseñarme el camino, y al trote cruzamos la Quintana de San Clodio, acosados por el ladrido de los perros que vigilaban en las eras atados bajo los hórreos. Cuando salimos al campo empezaba la claridad del alba. Vi en lontananza unas lomas yermas y tristes, veladas por la niebla. Traspuestas aquéllas, vi otras, y después otras. El sudario ceniciento de la llovizna las envolvía: No acababan nunca. Todo el camino era así. A lo lejos, por La Puente del Prior, desfilaba una recua madrugadora, y el arriero, sentado a mujeriegas en el rocín que iba postrero, cantaba a usanza de Castilla. El

sol empezaba a dorar las cumbres de los montes: Reba-
ños de ovejas blancas y negras subían por la falda, y
sobre verde fondo de pradera, allá en el dominio de un
Pazo, larga bandada de palomas volaba sobre la torre
señorial. Acosados por la lluvia, hicimos alto en los
viejos molinos de Gundar, y como si aquello fuese
nuestro feudo, llamamos autoritarios a la puerta. Salie-
ron dos perros flacos, que ahuyentó el mayordomo, y
después una mujer hilando. El viejo aldeano saludó
cristianamente:

—¡Ave María Purísima!

La mujer contestó:

—¡Sin pecado concebida!

Era una pobre alma llena de caridad. Nos vio ateri-
dos de frío, vio las mulas bajo el cobertizo, vio el cielo
encapotado, con torva amenaza de agua, y franqueó la
puerta, hospitalaria y humilde:

—Pasen y siéntense al fuego. ¡Mal tiempo tienen, si
son caminantes! ¡Ay! Qué tiempo, toda la siembra ane-
ga. ¡Mal año nos aguarda!

Apenas entramos, el mayordomo volvió a salir por
las alforjas. Yo me acerqué al hogar donde ardía un
fuego miserable. La pobre mujer avivó el rescoldo y
trajo un brazado de jara verde y mojada, que empezó a
dar humo, chisporroteando. En el fondo del muro, una
puerta vieja y mal cerrada, con las losas del umbral
blancas de harina, golpeaba sin tregua: ¡Tac! ¡tac! La
voz de un viejo que entonaba un cantar, y la rueda del
molino, resonaban detrás. Volvió el mayordomo con
las alforjas colgadas de un hombro:

—Aquí viene el yantar. La señora se levantó para
disponerlo todo por sus manos. Salvo su mejor parecer,
podríamos aprovechar este huelgo. Si cierra a llover no
tendremos escampo hasta la noche.

La molinera se acercó solícita y humilde:

—Pondré unas trébedes al fuego, si acaso les place
calentar la vianda.

Puso las trébedes y el mayordomo comenzó a vaciar

las alforjas: Sacó una gran servilleta adamascada y la extendió sobre la piedra del hogar. Yo, en tanto, me salí a la puerta. Durante mucho tiempo estuve contemplando la cortina cenicienta de la lluvia que ondulaba en las ráfagas del aire. El mayordomo se acercó respetuoso y familiar a la vez:

—Cuando a vuecencia bien le parezca... ¡Dígole que tiene un rico yantar!

Entré de nuevo en la cocina y me senté cerca del fuego. No quise comer, y mandé al mayordomo que únicamente me sirviese un vaso de vino. El viejo aldeano obedeció en silencio. Buscó la bota en el fondo de las alforjas, y me sirvió aquel vino rojo y alegre que daban las viñas del Palacio, en uno de esos pequeños vasos de plata que nuestras abuelas mandaban labrar con soles del Perú, un vaso por cada sol. Apuré el vino, y como la cocina estaba llena de humo, salíme otra vez a la puerta. Desde allí mandé al mayordomo y a la molinera que comiesen ellos. La molinera solicitó mi venia para llamar al viejo que cantaba dentro. Le llamó a voces.

—¡Padre! ¡Mi padre!...

Apareció blanco de harina, la montera derribada sobre un lado y el cantar en los labios. Era un abuelo con ojos bailadores y la guedeja de plata, alegre y picaresco como un libro de antiguos decires. Arrimaron al hogar toscos escabeles ahumados, y entre un coro de bendiciones sentáronse a comer. Los dos perros flacos vagaban en torno. Fue un festín donde todo lo había previsto el amor de la pobre enferma. ¡Aquellas manos pálidas, que yo amaba tanto, servían la mesa de los humildes como las manos ungidas de las santas princesas! Al probar el vino, el viejo molinero se levantó salmodiando:

—¡A la salud del buen caballero que nos lo da!... De hoy en muchos años torne a catarlo en su noble presencia.

Después bebieron la mujeruca y el mayordomo, to-

dos con igual ceremonia. Mientras comían yo les oía
hablar en voz baja. Preguntaba el molinero adónde nos
encaminábamos y el mayordomo respondía que al Pala-
cio de Brandeso. El molinero conocía aquel camino,
pagaba un foro antiguo a la señora del Palacio, un foro
de dos ovejas, siete ferrados de trigo y siete de cente-
no. El año anterior, como la sequía fuera tan grande,
perdonárale todo el fruto: Era una señora que se com-
padecía del pobre aldeano. Yo, desde la puerta, miran-
do caer la lluvia, les oía emocionado y complacido.
Volvía la cabeza, y con los ojos buscábales en torno del
hogar, en medio del humo. Entonces bajaban la voz y
me parecía entender que hablaban de mí. El mayordo-
mo se levantó:

—Si a vuecencia le parece, echaremos un pienso a las
mulas y luego nos pondremos en camino.

Salió con el molinero, que quiso ayudarle. La muje-
ruca se puso a barrer la ceniza del hogar. En el fondo
de la cocina los perros roían un hueso. La pobre mujer,
mientras recogía el rescoldo, no dejaba de enviarme
bendiciones con un musitar de rezo:

—¡El Señor quiera concederle la mayor suerte y sa-
lud en el mundo, y que cuando llegue al Palacio tenga
una grande alegría!... ¡Quiera Dios que se encuentre
sana a la señora y con las colores de una rosa!...

Dando vueltas en torno del hogar la molinera repetía
monótonamente:

—¡Así la encuentre como una rosa en su rosal!

Aprovechando un claro del tiempo, entró el mayor-
domo a recoger las alforjas en la cocina, mientras el
molinero desataba las mulas y del ronzal las sacaba has-
ta el camino, para que montásemos. La hija asomó en
la puerta a vernos partir:

—¡Vaya muy dichoso el noble caballero!... ¡Que
Nuestro Señor le acompañe!...

Cuando estuvimos a caballo salió al camino, cubrién-
dose la cabeza con el mantelo para resguardarla de la
lluvia que comenzaba de nuevo, y se llegó a mí llena de

misterio. Así, arrebujada, parecía una sombra milenaria. Temblaba su carne, y los ojos fulguraban calenturientos bajo el capuz del mantelo. En la mano traía un manojo de yerbas. Me las entregó con un gesto de sibila, y murmuró en voz baja:

—Cuando se halle con la señora mi Condesa, póngale sin que ella le vea, estas yerbas bajo la almohada. Con ellas sanará. Las almas son como los ruiseñores, todas quieren volar. Los ruiseñores cantan en los jardines, pero en los palacios del rey se mueren poco a poco...

Levantó los brazos, como si evocase un lejano pensamiento profético, y los volvió a dejar caer. Acercóse sonriendo el viejo molinero, y apartó a su hija sobre un lado del camino para dejarle paso a mi mula:

—No haga caso, señor. ¡La pobre es inocente!

Yo sentí, como un vuelo sombrío, pasar sobre mi alma la superstición, y tomé en silencio aquel manojo de yerbas mojadas por la lluvia. Las yerbas olorosas llenas de santidad, las que curan la saudade de las almas y los males de los rebaños, las que aumentan las virtudes familiares y las cosechas... ¡Qué poco tardaron en florecer sobre la sepultura de Concha en el verde y oloroso cementerio de San Clodio de Brandeso!

★   ★   ★

Yo recordaba vagamente el Palacio de Brandeso, donde había estado de niño con mi madre, y su antiguo jardín, y su laberinto que me asustaba y me atraía. Al cabo de los años, volvía llamado por aquella niña con quien había jugado tantas veces en el viejo jardín sin flores. El sol poniente dejaba un reflejo dorado entre el verde sombrío, casi negro, de los árboles venerables. Los cedros y los cipreses, que contaban la edad del Palacio. El jardín tenía una puerta de arco, y labrados en piedra, sobre la cornisa, cuatro escudos con las armas de cuatro linajes diferentes. ¡Los linajes del fundador, noble por todos sus abuelos! A la vista del Palacio, nuestras mulas fatigadas trotaron alegremente hasta de-

tenerse en la puerta llamando con el casco. Un aldeano
vestido de estameña que esperaba en el umbral, vino
presuroso a tenerme el estribo. Salté a tierra, entregán-
dole las riendas de mi mula. Con el alma cubierta de
recuerdos, penetré bajo la oscura avenida de castaños
cubierta de hojas secas. En el fondo distinguí el Palacio
con todas las ventanas cerradas y los cristales ilumina-
dos por el sol. De pronto vi una sombra blanca pasar
por detrás de las vidrieras, la vi detenerse y llevarse las
dos manos a la frente. Después la ventana del centro se
abría con lentitud y la sombra blanca me saludaba agi-
tando sus brazos de fantasma. Fue un momento no
más. Las ramas de los castaños se cruzaban y dejé de
verla. Cuando salí de la avenida alcé los ojos nueva-
mente hacia el Palacio. Estaban cerradas todas las ven-
tanas: ¡Aquella del centro también! Con el corazón pal-
pitante penetré en el gran zaguán oscuro y silencioso.
Mis pasos resonaron sobre las anchas losas. Sentados
en escaños de roble, lustrosos por la usanza, esperaban
los pagadores de un foral. En el fondo se distinguían
los viejos arcones del trigo con la tapa alzada. Al ver-
me entrar los colonos se levantaron, murmurando con
respeto:

—¡Santas y buenas tardes!

Y volvieron a sentarse lentamente, quedando en la
sombra del muro que casi los envolvía. Subí presuroso
la señorial escalera de anchos peldaños y balaustral de
granito toscamente labrado. Antes de llegar a lo alto,
la puerta abrióse en silencio, y asomó una criada vieja,
que había sido niñera de Concha. Traía un velón en la
mano, y bajó a recibirme:

—¡Páguele Dios el haber venido! Ahora verá a la
señorita. ¡Cuánto tiempo la pobre suspirando por vue-
cencia!... No quería escribirle. Pensaba que ya la ten-
dría olvidada. Yo he sido quien la convenció de que
no. ¿Verdad que no, Señor mi Marqués?

Yo apenas pude murmurar:

—No. Pero, ¿dónde está?

—Lleva toda la tarde echada. Quiso esperarle vestida. Es como los niños. Ya el señor lo sabe. Con la impaciencia temblaba hasta batir los dientes, y tuvo que echarse.

—¿Tan enferma está?

A la vieja se le llenaron los ojos de lágrimas:

—¡Muy enferma, señor! No se la conoce.

Se pasó la mano por los ojos, y añadió en voz baja, señalando una puerta iluminada en el fondo del corredor:

—¡Es allí!...

Seguimos en silencio. Concha oyó mis pasos, y gritó desde el fondo de la estancia con la voz angustiada:

—¡Ya llegas!... ¡Ya llegas, mi vida!

Entré. Concha estaba incorporada en las almohadas. Dio un grito, y en vez de tenderme los brazos, se cubrió el rostro con las manos y empezó a sollozar. La criada dejó la luz sobre un velador y se alejó suspirando. Me acerqué a Concha trémulo y conmovido. Besé sus manos sobre su rostro, apartándoselas dulcemente. Sus ojos, sus hermosos ojos de enferma, llenos de amor, me miraron sin hablar, con una larga mirada. Después, en lánguido y feliz desmayo, Concha entornó los párpados. La contemplé así un momento. ¡Qué pálida estaba! Sentí en la garganta el nudo de la angustia. Ella abrió los ojos dulcemente, y oprimiendo mis sienes entre sus manos que ardían, volvió a mirarme con aquella mirada muda que parecía anegarse en la melancolía del amor y de la muerte, que ya la cercaba:

—¡Temía que no vinieses!

—¿Y ahora?

—Ahora soy feliz.

Su boca, una rosa descolorida, temblaba. De nuevo cerró los ojos con delicia, como para guardar en el pensamiento una visión querida. Con penosa aridez de corazón, yo comprendí que se moría.

* * *

Concha se incorporó para alcanzar el cordón de la campanilla. Yo le cogí la mano, suavemente:

—¿Qué quieres?

—Quería llamar a mi doncella para que viniera a vestirme.

—¿Ahora?

—Sí.

Reclinó la cabeza y añadió con una sonrisa triste:

—Deseo hacerte los honores de mi Palacio.

Yo traté de convencerla para que no se levantase. Concha insistió:

—Voy a mandar que enciendan fuego en el comedor. ¡Un buen fuego! Cenaré contigo.

Se animaba, y sus ojos húmedos en aquel rostro tan pálido, tenían una dulzura amorosa y feliz.

—Quise esperarte a pie, pero no pude. ¡Me mataba la impaciencia! ¡Me puse enferma!

Yo conservaba su mano entre las mías, y se la besé. Los dos sonreímos mirándonos:

—¿Por qué no llamas?

Yo le dije en voz baja:

—¡Déjame ser tu azafata!

Concha soltó su mano de entre las mías:

—¡Qué locuras se te ocurren!

—No tal. ¿Dónde están tus vestidos?

Concha se sonrió como hacen las madres con los caprichos de sus hijos pequeños:

—No sé dónde están.

—Vamos, dímelo...

—¡Si no sé!

Y al mismo tiempo, con un movimiento gracioso de los ojos y de los labios me indicó un gran armario de roble que había a los pies de su cama. Tenía la llave puesta, y lo abrí. Se exhalaba del armario una fragancia delicada y antigua. En el fondo estaban los vestidos que Concha llevara puestos aquel día:

—¿Son éstos?

—Sí... Ese ropón blanco nada más.

—¿No tendrás frío?

—No.

Descolgué aquella túnica, que aún parecía conservar cierta tibia fragancia, y Concha murmuró ruborosa:

—¡Qué caprichos tienes!

Sacó los pies fuera de la cama, los pies blancos, infantiles, casi frágiles, donde las venas azules trazaban ideales caminos a los besos. Tuvo un ligero estremecimiento al hundirlos en las babuchas de marta, y dijo con extraña dulzura:

—Abre ahora esa caja larga. Escógeme unas medias de seda.

Escogí unas medias de seda negra, que tenían bordadas ligeras flechas color malva:

—¿Éstas?

—Sí, las que tú quieras.

Para ponérselas me arrodillé sobre la piel de tigre que había delante de su cama. Concha protestó:

—¡Levántate! No quiero verte así.

Yo sonreía sin hacerle caso. Sus pies quisieron huir de entre mis manos. ¡Pobres pies, que no pude menos de besar! Concha se estremecía y exclamaba como encantada:

—¡Eres siempre el mismo! ¡Siempre!

Después de las medias de seda negra, le puse las ligas, también de seda, dos lazos blancos con broches de oro. Yo la vestía con el cuidado religioso y amante que visten las señoras devotas a las imágenes de que son camaristas. Cuando mis manos trémulas anudaron bajo su barbeta delicada, redonda y pálida, los cordones de aquella túnica blanca que parecía un hábito monacal, Concha se puso en pie, apoyándose en mis hombros. Anduvo lentamente hacia el tocador, con ese andar de fantasma que tienen algunas mujeres enfermas, y mirándose en la luna del espejo, se arregló el cabello:

—¡Qué pálida estoy! ¡Ya has visto, no tengo más que la piel y los huesos!

Yo protesté:

—¡No he visto nada de eso, Concha!

Ella sonrió sin alegría.

—¡La verdad, cómo me encuentras?

—Antes eras la princesa del sol. Ahora eres la princesa de la luna.

—¡Qué embustero!

Y se volvió de espaldas al espejo para mirarme. Al mismo tiempo daba golpes en un «tan-tan» que había cerca del tocador. Acudió su antigua niñera:

—¿Llamaba la señorita?

—Sí; que enciendan fuego en el comedor.

—Ya está puesto un buen brasero.

—Pues que lo retiren. Enciende tú la chimenea francesa.

La criada me miró:

—¿También quiere pasar al comedor la señorita? Tengan cuenta que hace mucho frío por esos corredores.

Concha fue a sentarse en un extremo del sofá, y envolviéndose con delicia en el amplio ropón monacal, dijo con estremecimiento:

—Me pondré un chal para cruzar los corredores.

Y volviéndose a mí, que callaba sin querer contradecirla, murmuró llena de amorosa sumisión:

—Si te opones, no.

Yo repuse con pena:

—No me opongo, Concha: Únicamente temo que pueda hacerte daño.

Ella suspiró:

—No quería dejarte solo.

Entonces su antigua niñera nos aconsejó, con esa lealtad bondadosa y brusca de los criados viejos:

—¡Natural que quieran estar juntos, y por eso mismo pensaba yo que comerían aquí en el velador! ¿Qué le parece a usted, señorita Concha? ¿Y al Señor Marqués?

Concha puso una mano sobre mi hombro, y contestó risueña:

—Sí, mujer, sí. Tienes un gran talento, Candelaria.

El Señor Marqués y yo te lo reconocemos. Dile a Teresina que comeremos aquí.

Quedamos solos. Concha, con los ojos arrasados en lágrimas, me alargó una de sus manos, y, como en otro tiempo, mis labios recorrieron los dedos haciendo florecer en sus yemas una rosa pálida. En la chimenea ardía un alegre fuego. Sentada sobre la alfombra y apoyado un codo en mis rodillas, Concha lo avivaba removiendo los leños con las tenazas de bronce. La llama al surgir y levantarse, ponía en la blancura eucarística de su tez, un rosado reflejo, como el sol en las estatuas antiguas labradas en mármol de Pharos.

★　★　★

Dejó las tenazas, y me tendió los brazos para levantarse del suelo. Nos contemplamos: Me veía en el fondo de sus ojos, que brillaban con esa alegría de los niños, que han llorado mucho y luego ríen olvidadizos. El velador ya tenía puestos los manteles, y nosotros con las manos todavía enlazadas, fuimos a sentarnos en los sillones que acababa de arrastrar Teresina. Concha me dijo:

—¿Recuerdas cuántos años hace que estuviste aquí con tu pobre madre, la tía Soledad?

—Sí. ¿Y tú te acuerdas?

—Hace veintitrés años. Tenía yo ocho. Entonces me enamoré de ti. ¡Lo que sufría al verte jugar con mis hermanas mayores! Parece mentira que una niña pueda sufrir tanto con los celos. Más tarde, de mujer, me has hecho llorar mucho, pero entonces tenía el consuelo de recriminarte.

—¡Sin embargo, qué segura has estado siempre de mi cariño!... ¡Y cómo lo dice tu carta!

Concha parpadeó para romper las lágrimas que temblaban en sus pestañas.

—No estaba segura de tu cariño: Era de tu compasión.

Y su boca reía melancólica, y sus ojos brillaban con dos lágrimas rotas en el fondo. Quise levantarme para consolarla, y me detuvo con un gesto. Entraba Teresina. Nos pusimos a comer en silencio. Concha, para disimular sus lágrimas, alzó la copa y bebió lentamente, al dejarla sobre el mantel la tomé de su mano y puse mis labios donde ella había puesto los suyos. Concha se volvió a su doncella:

—Llame usted a Candelaria que venga a servirnos.

Teresina salió, y nosotros nos miramos sonriendo:

—¿Por qué mandas llamar a Candelaria?

—Porque te tengo miedo, y la pobre Candelaria ya no se asusta de nada.

—Candelaria es indulgente para nuestros amores como un buen jesuita.

—¡No empecemos!... ¡No empecemos!...

Concha movía la cabeza con gracioso enfado, al mismo tiempo que apoyaba un dedo sobre sus labios pálidos:

—No te permito que poses ni de Aretino ni de César Borgia.

La pobre Concha era muy piadosa, y aquella admiración estética que yo sentía en mi juventud por el hijo de Alejandro VI, le daba miedo como si fuese el culto al Diablo. Con exageración risueña y asustadiza me imponía silencio:

—¡Calla!... ¡Calla!...

Mirándome de soslayo volvió lentamente la cabeza:

—Candelaria, pon vino en mi copa...

Candelaria, que con las manos cruzadas sobre su delantal almidonado y blanco, se situaba en aquel momento a espaldas del sillón, apresuróse a servirla. Las palabras de Concha, que parecían perfumadas de alegría, se desvanecieron en una queja. Vi que cerraba los ojos con angustiado gesto, y que su boca, una rosa descolorida y enferma, palidecía más. Me levanté asustado:

—¿Qué tienes? ¿Qué te pasa?

No pudo hablar. Su cabeza lívida desfallecía sobre el respaldo del sillón. Candelaria fue corriendo al tocador y trajo un pomo de sales. Concha exhaló un suspiro y abrió los ojos llenos de vaguedad y de extravío, como si despertase de un sueño poblado de quimeras. Fijando en mí la mirada, murmuró débilmente:

—No ha sido nada. Siento únicamente el susto tuyo.

Después, pasando la mano por la frente, respiró con ansia. La obligué a que bebiese unos sorbos de caldo. Reanimóse, y su palidez se iluminó con tenue sonrisa. Me hizo sentar, y continuó tomando el caldo por sí misma. Al terminar, sus dedos delicados alzaron la copa del vino y me la ofrecieron trémulos y gentiles: Por complacerla humedecí los labios: Concha apuró después la copa y no volvió a beber en toda la noche.

★ ★ ★

Estábamos sentados en el sofá y hacía mucho tiempo que hablábamos. La pobre Concha me contaba su vida durante aquellos dos años que estuvimos sin vernos. Una de esas vidas silenciosas y resignadas que miran pasar los días con una sonrisa triste, y lloran de noche en la oscuridad. Yo no tuve que contarle mi vida. Sus ojos parecían haberla seguido desde lejos, y la sabían toda. ¡Pobre Concha! Al verla demacrada por la enfermedad, y tan distinta y tan otra de lo que había sido, experimenté un cruel remordimiento por haber escuchado su ruego aquella noche en que, llorando y de rodillas, me suplicó que la olvidase y que me fuese. ¡Su madre, una santa enlutada y triste, había venido a separarnos! Ninguno de nosotros quiso recordar el pasado y permanecimos silenciosos. Ella resignada. Yo con aquel gesto trágico y sombrío que ahora me hace sonreír. Un hermoso gesto que ya tengo un poco olvidado, porque las mujeres no se enamoran de los viejos, y sólo está bien en un Don Juan juvenil. ¡Ay, si todavía con los cabellos blancos, y las mejillas tristes, y la barba senatorial y augusta, puede quererme una niña, una hija espiritual llena de gracia y de candor, con ella me parece criminal otra actitud que la de un viejo prelado, confesor de princesas y teólogo de amor! Pero a la pobre Concha el gesto de Satán arrepentido le hacía temblar y enloquecer: Era muy buena, y fue por eso muy desgraciada. La pobre, dejando asomar a sus labios aquella sonrisa doliente que parecía el alma de una flor enferma, murmuró:

—¡Qué distinta pudo haber sido nuestra vida!

—¡Es verdad!... Ahora no comprendo cómo obedecí tu ruego. Fue sin duda porque te vi llorar.

—No seas engañador. Yo creí que volverías... ¡Y mi madre tuvo siempre ese miedo!

—No volví porque esperaba que tú me llamases. ¡Ah, el Demonio del orgullo!

—No, no fue el orgullo... Fue otra mujer... Hacía mucho tiempo que me traicionabas con ella. Cuando lo supe, creí morir. ¡Tan desesperada estuve, que consentí en reunirme con mi marido!

Cruzó las manos mirándome intensamente, y con la voz velada, y temblando su boca pálida, sollozó:

—¡Qué dolor cuando adiviné por qué no habías venido! ¡Pero no he tenido para ti un solo día de rencor!

No me atreví a engañarla en aquel momento, y callé sentimental. Concha pasó sus manos por mis cabellos, y enlazando los dedos sobre mi frente, suspiró:

—¡Qué vida tan agitada has llevado durante estos dos años!... ¡Tienes casi todo el pelo blanco!...

Yo también suspiré doliente:

—¡Ay! Concha, son las penas.

—No, no son las penas. Otras cosas son... Tus penas no pueden igualarse a las mías, y yo no tengo el pelo blanco...

Me incorporé para mirarla. Quité el alfilerón de oro con que se sujetaba el nudo de los cabellos, y la onda sedosa y negra rodó sobre sus hombros:

—Ahora tu frente brilla como un astro bajo la crencha de ébano. Eres blanca y pálida como la luna. ¿Te acuerdas cuando quería que me disciplinases con la madeja de tu pelo?... Concha, cúbreme ahora con él.

Amorosa y complaciente, echó sobre mí el velo olo-

roso de su cabellera. Yo respiré con la faz sumergida
como en una fuente santa, y mi alma se llenó de delicia
y de recuerdos florecidos. El corazón de Concha latía
con violencia, y mis manos trémulas desabrocharon su
túnica, y mis labios besaron sobre la carne, ungidos de
amor como de un bálsamo:

—¡Mi vida!

—¡Mi vida!

Concha cerró un momento los ojos, y poniéndose en
pie, comenzó a recogerse la madeja de sus cabellos:

—¡Vete!... ¡Vete por Dios!...

Yo sonreí mirándola:

—¿Adónde quieres que me vaya?

—¡Vete!... Las emociones me matan, y necesito des-
cansar. Te escribí que vinieses, porque ya entre noso-
tros no puede haber más que un cariño ideal... Tú com
prenderás que, enferma como estoy, no es posible otra
cosa. Morir en pecado mortal... ¡Qué horror!

Y más pálida que nunca cruzó los brazos, apoyando
las manos sobre los hombros en una actitud resignada y
noble que le era habitual. Yo me dirigí a la puerta:

—¡Adiós, Concha!

Ella suspiró:

—¡Adiós!

—¿Quieres llamar a Candelaria para que me guíe
por esos corredores?

—¡Ah!... ¡Es verdad que aún no sabes!...

Fue al tocador y golpeó en el «tan-tan». Esperamos
silenciosos sin que nadie acudiese. Concha me miró in-
decisa:

—Es probable que Candelaria se haya dormido...

—En ese caso...

Me vio sonreír, y movió la cabeza seria y triste:

—En ese caso, yo te guiaré.

—Tú no debes exponerte al frío.

—Sí, sí...

Tomó uno de los candelabros del tocador, y salió
presurosa, arrastrando la luenga cola de su ropón mo-

nacal. Desde la puerta volvió la cabeza llamándome
con los ojos, y toda blanca como un fantasma, desapa-
reció en la oscuridad del corredor. Salí tras ella, y la
alcancé:

—¡Qué loca estás!

Rióse en silencio y tomó mi brazo para apoyarse. En
la cruz de dos corredores abríase una antesala redonda,
grande y desmantelada, con cuadros de santos y arco-
nes antiguos. En un testero arrojaba cerco mortecino
de luz, la mariposa de aceite que alumbraba los pies
lívidos y atarazados de Jesús Nazareno. Nos detuvimos
al ver la sombra de una mujer arrebujada en el hueco
del balcón. Tenía las manos cruzadas en el regazo, y la
cabeza dormida sobre el pecho. Era Candelaria que al
ruido de nuestros pasos despertó sobresaltada:

—¡Ah!... Yo esperaba aquí, para enseñarle su habi-
tación al Señor Marqués.

Concha le dijo:

—Creí que te habías acostado, mujer.

Seguimos en silencio hasta la puerta entornada de
una sala donde había luz. Concha soltó mi brazo y se
detuvo temblando y muy pálida: Al fin entró. Aquella
era mi habitación. Sobre una consola antigua ardían las
bujías de dos candelabros de plata. En el fondo, veíase
la cama entre antiguas colgaduras de damasco. Los
ojos de Concha lo examinaron todo con maternal cui-
dado. Se detuvo para oler las rosas frescas que había en
un vaso, y después se despidió:

—¡Adiós, hasta mañana!

Yo la levanté en brazos como a una niña:

—No te dejo ir.

—¡Sí, por Dios!

—No, no.

Y mis ojos reían sobre sus ojos, y mi boca reía sobre
su boca. Las babuchas turcas cayeron de sus pies, sin
dejarla posar en el suelo, la llevé hasta la cama, donde
la deposité amorosamente. Ella entonces ya se sometía
feliz. Sus ojos brillaban, y sobre la piel blanca de las

mejillas se pintaban dos hojas de rosa. Apartó mis manos dulcemente, y un poco confusa empezó a desabrocharse la túnica blanca y monacal, que se deslizó a lo largo del cuerpo pálido y estremecido. Abrí las sábanas y refugióse entre ellas. Entonces comenzó a sollozar, y me senté a la cabecera consolándola. Aparentó dormirse, y me acosté.

Yo sentí toda la noche a mi lado aquel pobre cuerpo donde la fiebre ardía, como una luz sepulcral en vaso de porcelana tenue y blanco. La cabeza descansaba sobre la almohada, envuelta en una ola de cabellos negros que aumentaba la mate lividez del rostro, y su boca sin color, sus mejillas dolientes, sus sienes maceradas, sus párpados de cera velando los ojos en las cuencas descarnadas y violáceas, le daban la apariencia espiritual de una santa muy bella consumida por la penitencia y el ayuno. El cuello florecía de los hombros como un lirio enfermo, los senos eran dos rosas blancas aromando un altar, y los brazos, de una esbeltez delicada y frágil, parecían las asas del ánfora rodeando su cabeza. Apoyado en las almohadas, la miraba dormir rendida y sudorosa. Ya había cantado el gallo dos veces, y la claridad blanquecina del alba penetraba por los balcones cerrados. En el techo las sombras seguían el parpadeo de las bujías, que habiendo ardido toda la noche se apagaban consumidas en los candelabros de plata. Cerca de la cama, sobre un sillón, estaba mi capote de cazador, húmedo por la lluvia, y esparcidas encima aquellas yerbas de virtud oculta, solamente conocida por la pobre loca del molino. Me levanté en silencio y fui por ellas. Con un extraño sentimiento, mezcla de superstición y de ironía, escondí el místico manojo entre las almohadas de Concha, sin despertarla. Me acosté, puse los labios sobre su olorosa cabellera e insensiblemente me quedé dormido. Durante mucho tiempo flotó en mis sueños la visión nebulosa de aquel día, con un vago sabor de lágrimas y de sonrisas. Creo que una vez abrí

los ojos dormido y que vi a Concha incorporada a mi
lado, creo que me besó en la frente, sonriendo con va-
ga sonrisa de fantasma, y que se llevó un dedo a los
labios. Cerré los ojos sin voluntad y volví a quedar su-
mido en las nieblas del sueño. Cuando me desperté,
una escala luminosa de polvo llegaba desde el balcón al
fondo de la cámara. Concha ya no estaba, pero a poco
la puerta se abrió con sigilo y Concha entró andando en
la punta de los pies. Yo aparenté dormir. Ella se acercó
sin hacer ruido, me miró suspirando y puso en agua el
ramo de rosas frescas que traía. Fue al balcón, soltó los
cortinajes para amenguar la luz, y se alejó como había
entrado, sin hacer ruido. Yo la llamé riéndome:

—¡Concha! ¡Concha!

Ella se volvió:

—¡Ah! ¿Conque estabas despierto?

—Estaba soñando contigo.

—¡Pues ya me tienes aquí!

—¿Y cómo estás?

—¡Ya estoy buena!

—¡Gran médico es amor!

—¡Ay! No abusemos de la medicina.

Reíamos con alegre risa el uno en brazos del otro,
juntas las bocas y echadas las cabezas sobre la misma
almohada. Concha tenía la palidez delicada y enferma
de una Dolorosa, y era tan bella, así demacrada y con-
sumida, que mis ojos, mis labios y mis manos hallaban
todo su deleite en aquello mismo que me entristecía.
Yo confieso que no recordaba haberla amado nunca en
lo pasado, tan locamente como aquella noche.

* * *

No había llevado conmigo ningún criado, y Concha,
que tenía esas burlas de las princesas en las historias
picarescas, puso un paje a mi servicio para honrarme
mejor, como decía riéndose. Era un niño recogido en
el Palacio. Aún le veo asomar en la puerta y quitarse la
montera, preguntando respetuoso y humilde:

—¿Da su licencia?

—Adelante.

Entró con la frente baja y la monterilla de paño blanco colgada de las dos manos:

—Dice la señorita, mi ama, que me mande en cuanto se le ofrezca.

—¿En dónde queda?

—En el jardín.

Y permaneció en medio de la cámara, sin atreverse a dar un paso. Creo que era el primogénito de los caseros que Concha tenía en sus tierras de Lantaño y uno de los cien ahijados de su tío Don Juan Manuel Montenegro, aquel hidalgo visionario y pródigo que vivía en el Pazo de Lantañón. Es un recuerdo que todavía me hace sonreír. El favorito de Concha no era rubio ni melancólico como los pajes de las baladas, pero con los ojos negros y con los carrillos picarescos melados por el sol, también podía enamorar princesas. Le mandé que abriese los balcones y obedeció corriendo. El aura perfumada y fresca del jardín penetró en la cámara, y las cortinas flamearon alegremente. El paje había dejado la montera sobre una silla, y volvió a recogerla. Yo le interrogué:

—¿Tú sirves en el Palacio?

—Sí, señor.

—¿Hace mucho?

Va para dos años.

—¿Y qué haces?

—Pues hago todo lo que me mandan.

—¿No tienes padres?

—Tengo, sí, señor.

—¿Qué hacen tus padres?

—Pues no hacen nada. Cavan la tierra.

Tenía las respuestas estoicas de un paria. Con su vestido de estameña, sus ojos tímidos, su fabla visigótica y sus guedejas trasquiladas sobre la frente, con tonsura casi monacal, parecía el hijo de un antiguo siervo de la gleba:

—¿Y fue la señorita quien te ha mandado venir?

—Sí, señor. Hallábame yo en el patín deprendiéndo-
le la riveirana al mirlo nuevo, que los viejos ya la tie-
nen deprendida, cuando la señorita bajó al jardín y me
mandó venir.

—¿Tú eres aquí el maestro de los mirlos?

—Sí, señor.

—¿Y ahora, además, eres mi paje?

—Sí, señor.

—¡Altos cargos!

—Sí, señor.

—¿Y cuántos años tienes?

—Paréceme... Paréceme...

El paje fijó los ojos en la monterilla, pasándola len-
tamente de una mano a otra, sumido en hondas cavila-
ciones:

—Paréceme que han de ser doce, pero no estoy
cierto.

—¿Antes de venir al Palacio, dónde estabas?

—Servía en la casa de Don Juan Manuel.

—¿Y qué hacías allí?

—Allí enseñaba al hurón.

—¡Otro cargo palatino!

—Sí, señor.

—¿Y cuántos mirlos tiene la señorita?

El paje hizo un gesto desdeñoso:

—¡Tan siquiera uno!

—¿Pues de quién son?

—Son míos... Cuando los tengo bien adeprendidos,
se los vendo.

—¿A quién se los vendes?

—Pues a la señorita, que me los merca todos. ¿No
sabe que los quiere para echarlos a volar? La señorita
desearía que silbasen la riveirana sueltos en el jardín,
pero ellos se van lejos. Un domingo, por el mes de San
Juan, venía yo acompañando a la señorita: Pasados
los prados de Lantañón, vimos un mirlo que, muy
puesto en la rama de un cerezo, estaba cantando la ri-

veirana. Acuérdome que entonces dijo la señorita: ¡Míralo adónde se ha venido el caballero!

Aquel relato ingenuo me hizo reír, y el paje al verlo rióse también. Sin ser rubio ni melancólico, era digno de ser paje de una princesa y cronista de un reinado. Yo le pregunté:

—¿Qué es más honroso, enseñar hurones o mirlos?

El paje respondió después de meditarlo un instante:

—¡Todo es igual!

—¿Y cómo has dejado el servicio de Don Juan Manuel?

—Porque tiene muchos criados... ¡Qué gran caballero es Don Juan Manuel!... Dígole que en el Pazo todos los criados le tenían miedo. Don Juan Manuel es mi padrino, y fue quien me trujo al Palacio para que sirviese a la señorita.

—¿Y dónde te iba mejor?

El paje fijó en mí sus ojos negros e infantiles, y con la monterilla entre las manos, formuló gravemente:

—Al que sabe ser humilde, en todas partes le va bien.

Era una réplica calderoniana. ¡Aquel paje también sabía decir sentencias! Ya no podía dudarse de su destino. Había nacido para vivir en un palacio, educar los mirlos, amaestrar los hurones, ser ayo de un príncipe y formar el corazón de un gran rey.

* * *

Concha me llamaba desde el jardín, con alegres voces. Salí a la solana, tibia y dorada al sol mañanero. El campo tenía una emoción latina de yuntas, de vendimias y de labranzas. Concha estaba al pie de la solana:

—¿Tienes ahí a Florisel?

—¿Florisel es el paje?

—Sí.

—Parece bautizado por las hadas.

—Yo soy su madrina. Mándamelo.

—¿Qué le quieres?

—Decirle que te suba estas rosas.

Y Concha me enseñó su falda donde se deshojaban las rosas, todavía cubiertas de rocío, desbordando alegremente como el fruto ideal de unos amores que sólo floreciesen en los besos:

—Todas son para ti. Estoy desnudando el jardín.

Yo recordaba nebulosamente aquel antiguo jardín donde los mirtos seculares dibujaban los cuatro escudos del fundador, en torno de una fuente abandonada. El jardín y el Palacio tenían esa vejez señorial y melancólica de los lugares por donde en otro tiempo pasó la vida amable de la galantería y del amor. Bajo la fronda de aquel laberinto, sobre las terrazas y en los salones, habían florecido las risas y los madrigales, cuando las manos blancas que en los viejos retratos sostienen apenas los pañolitos de encaje, iban deshojando las margaritas que guardan el cándido secreto de los corazones. ¡Hermosos y lejanos recuerdos! Yo también los evoqué un día lejano, cuando la mañana otoñal y dorada envolvía el jardín húmedo y reverdecido por la constante lluvia de la noche. Bajo el cielo límpido, de un azul heráldico, los cipreses venerables parecían tener el ensueño de la vida monástica. La caricia de la luz temblaba sobre las flores como un pájaro de oro, y la brisa trazaba en el terciopelo de la yerba, huellas ideales y quiméricas como si danzasen invisibles hadas. Concha estaba al pie de la escalinata, entretenida en hacer un gran ramo con las rosas. Algunas se habían deshojado en su falda, y me las mostró sonriendo:

—¡Míralas qué lástima!

Y hundió en aquella frescura aterciopelada sus mejillas pálidas:

—¡Ah, qué fragancia!

Yo le dije sonriendo:

—¡Tu divina fragancia!

Alzó la cabeza y respiró con delicia, cerrando los ojos y sonriendo, cubierto el rostro de rocío, como otra rosa, una rosa blanca. Sobre aquel fondo de verdura grácil y umbroso, envuelta en la luz como en diáfana

veste de oro, parecía una Madona soñada por un
monje seráfico. Yo bajé a reunirme con ella. Cuando
descendía la escalinata, me saludó arrojando como una
lluvia las rosas deshojadas en su falda. Recorrimos jun-
tos el jardín. Las carreras estaban cubiertas de hojas
secas y amarillentas, que el viento arrastraba delante
de nosotros con un largo susurro: Los caracoles, inmó-
viles como viejos paralíticos, tomaban el sol sobre los
bancos de piedra: Las flores empezaban a marchitarse
en las versallescas canastillas recamadas de mirto, y ex-
halaban ese aroma indeciso que tiene la melancolía de
los recuerdos. En el fondo del laberinto murmuraba la
fuente rodeada de cipreses, y el arrullo del agua, pare-
cía difundir por el jardín un sueño pacífico de vejez, de
recogimiento y de abandono. Concha me dijo:

—Descansemos aquí.

Nos sentamos a la sombra de las acacias, en un ban-
co de piedra cubierto de hojas. Enfrente se abría la
puerta del laberinto misterioso y verde. Sobre la clave
del arco se alzaban dos quimeras manchadas de musgo,
y un sendero umbrío, un solo sendero, ondulaba entre
los mirtos como el camino de una vida solitaria, silen-
ciosa e ignorada. Florisel pasó a lo lejos entre los árbo-
les, llevando la jaula de sus mirlos en la mano. Concha
me lo mostró:

—¡Allá va!

—¿Quién?

—Florisel.

—¿Por qué le llamas Florisel?

Ella dijo, con una alegre risa:

—Florisel es el paje de quien se enamora cierta prin-
cesa inconsolable en un cuento.

—¿Un cuento de quién?

—Los cuentos nunca son de nadie.

Sus ojos misteriosos y cambiantes miraban a lo lejos,
y me sonó tan extraña su risa, que sentí frío. ¡El frío de
comprender todas las perversidades! Me pareció que
Concha también se estremecía. La verdad es que nos

hallábamos a comienzos de Otoño y que el sol empeza-
ba a nublarse. Volvimos al Palacio.

★　★　★

El Palacio de Brandeso, aunque del siglo décimo oc-
tavo, es casi todo de estilo platleresco. Un Palacio a la
italiana con miradores, fuentes y jardines, mandado
edificar por el Obispo de Corinto Don Pedro de Ben-
daña, Caballero del Hábito de Santiago, Comisario de
Cruzada y Confesor de la Reina Doña María Amelia
de Parma. Creo que un abuelo de Concha y mi abuelo
el Mariscal Bendaña sostuvieron pleito por la herencia
del Palacio. No estoy seguro, porque mi abuelo sostuvo
pleitos hasta con la Corona. Por ellos heredé toda una
fortuna en legajos. La historia de la noble Casa de
Bendaña es la historia de la Cancillería de Valladolid.

Como la pobre Concha tenía el culto de los recuer-
dos, quiso que recorriésemos el Palacio evocando otro
tiempo, cuando yo iba de visita con mi madre, y ella y
sus hermanas eran unas niñas pálidas que venían a be-
sarme, y me llevaban de la mano para que jugásemos,
unas veces en la torre, otras en la terraza, otras en el
mirador que daba al camino y al jardín... Aquella ma-
ñana, cuando nosotros subíamos la derruida escalinata,
las palomas remontaron el vuelo y fueron a posarse so-
bre la piedra de armas. El sol dejaba un reflejo dorado
en los cristales, los viejos alelíes florecían entre las grie-
tas del muro, y un lagarto paseaba por el balaustral.
Concha sonrió con lánguido desmayo:

—¿Te acuerdas?

Y en aquella sonrisa tenue, yo sentí todo el pasado
como un aroma entrañable de flores marchitas, que
trae alegres y confusas memorias... Era allí donde una
dama piadosa y triste, solía referirnos historias de San-
tos. Cuántas veces, sentada en el hueco de una venta-
na, me había enseñado las estampas del Año Cristiano
abierto en su regazo. Aún recuerdo sus manos místicas
y nobles que volvían las hojas lentamente. La dama te-
nía un hermoso nombre antiguo: Se llamaba Águeda:

Era la madre de Fernandina, Isabel y Concha. Las tres
niñas pálidas con quienes yo jugaba. ¡Después de tantos
años volví a ver aquellos salones de respeto y aquellas
salas familiares! Las salas entarimadas de nogal, frías y
silenciosas, que conservan todo el año el aroma de las
manzanas agrias y otoñales puestas a madurar sobre el
alféizar de las ventanas. Los salones con antiguos corti-
najes de damasco, espejos nebulosos y retratos familia-
res: Damas con basquiña, prelados de doctoral sonrisa,
pálidas abadesas, torvos capitanes. En aquellas estan-
cias nuestros pasos resonaban como en las iglesias de-
siertas, y al abrirse lentamente las puertas de floreados
herrajes, exhalábase del fondo silencioso y oscuro, el
perfume lejano de otras vidas. Solamente en un salón
que tenía de corcho el estrado, nuestras pisadas no des-
pertaron rumor alguno: Parecían pisadas de fantasmas,
tácitas y sin eco. En el fondo de los espejos el salón se
prolongaba hasta el ensueño como en un lago encanta-
do, y los personajes de los retratos, aquellos obispos
fundadores, aquellas tristes damiselas, aquellos avella-
nados mayorazgos parecían vivir olvidados en una paz
secular. Concha se detuvo en la cruz de dos corredores,
donde se abría una antesala redonda, grande y desman-
telada, con arcones antiguos. En un testero arrojaba
cerco mortecino de luz la mariposa de aceite que día y
noche alumbraba ante un Cristo desmelenado y lívido.
Concha murmuró en voz baja:

—¿Te acuerdas de esta antesala?

—Sí. ¿La antesala redonda?

—Sí... ¡Era donde jugábamos!

Una vieja hilaba en el hueco de una ventana. Concha
me la mostró con un gesto:

—Es Micaela... La doncella de mi madre. ¡La pobre
está ciega! No le digas nada...

Seguimos adelante. Algunas veces Concha se detenía
en el umbral de las puertas, y señalando las estancias
silenciosas, me decía con su sonrisa tenue, que también
parecía desvanecerse en el pasado:

—¿Te acuerdas?

Ella recordaba las cosas más lejanas. Recordaba cuando éramos niños y saltábamos delante de las consolas para ver estremecerse los floreros cargados de rosas, y los fanales ornados con viejos ramajes áureos, y los candelabros de plata, y los daguerreotipos llenos de un misterio estelar. ¡Tiempos aquellos en que nuestras risas locas y felices habían turbado el noble recogimiento del Palacio, y se desvanecían por las claras y grandes antesalas, por los corredores oscuros, flanqueados con angostas ventanas de montante donde arrullaban las palomas!...

★ ★ ★

Al anochecer, Concha sintió un gran frío y tuvo que acostarse. Alarmado al verla temblar, pálida como la muerte, quise mandar por un médico a Viana del Prior, pero ella se opuso, y al cabo de una hora ya me miraba sonriendo con amorosa languidez. Descansando inmóvil sobre la blanca almohada, murmuró:

—¿Creerás que ahora me parece una felicidad estar enferma?

—¿Por qué?

—Porque tú me cuidas.

Yo me sonreí sin decir nada, y ella, con una gran dulzura, insistió:

—¡Es que tú no sabes cómo yo te quiero!

En la penumbra de la alcoba la voz apagada de Concha tenía un profundo encanto sentimental. Mi alma se contagió:

—¡Yo te quiero más, princesa!

—No, no. En otro tiempo te he gustado mucho. Por muy inocente que sea una mujer, eso lo conoce siempre, y tú sabes lo inocente que yo era.

Me incliné para besar sus ojos, que tenían un velo de lágrimas, y le dije por consolarla:

—¿Creerás que no me acuerdo, Concha?

Ella exclamó riéndose:

—¡Qué cínico eres!

—Di qué desmemoriado. ¡Hace ya tanto tiempo!

—¿Y cuánto tiempo hace, vamos a ver?

—No me entristezcas haciendo que recuerde los años.

—Pues confiesa que yo era muy inocente.

—¡Todo lo inocente que puede ser una mujer casada!

—Más, mucho más. ¡Ay! Tú fuiste mi maestro en todo.

Exhaló las últimas palabras como si fuesen suspiros, y apoyó una de sus manos sobre los ojos. Yo la contemplé, sintiendo cómo se despertaba la voluptuosa memoria de los sentidos. Concha tenía para mí todos los encantos de otro tiempo, purificados por una divina palidez de enferma. Era verdad que yo había sido su maestro en todo. Aquella niña casada con un viejo, tenía la cándida torpeza de las vírgenes. Hay tálamos fríos como los sepulcros, y maridos que duermen como las estatuas yacentes de granito. ¡Pobre Concha! Sobre sus labios perfumados por los rezos, mis labios cantaron los primeros el triunfo del amor y su gloriosa exaltación. Yo tuve que enseñarle toda la lira: Verso por verso, todo el rosario de sonetos de Pietro Aretino. Aquel capullo blanco de niña desposada, apenas sabía murmurar el primero. Hay maridos y hay amantes que ni siquiera pueden servirnos de precursores, y bien sabe Dios que la perversidad, esa rosa sangrienta, es una flor que nunca se abrió en mis amores. Yo he preferido siempre ser el Marqués de Bradomín, a ser ese divino Marqués de Sade. Tal vez ésa haya sido la única razón de pasar por soberbio entre algunas mujeres. Pero la pobre Concha nunca fue de éstas. Como habíamos quedado en silencio, me dijo:

—¿En qué piensas?

—En el pasado, Concha.

—Tengo celos de él.

—¡No seas niña! Es el pasado de nuestros amores. Ella se sonrió, cerrando los ojos, como si también evocase un recuerdo. Después murmuró con cierta resignación amable, perfumada de amor y de melancolía:

—Sólo una cosa le he pedido a la Virgen de la Concepción, y creo que va a concedérmela... Tenerte a mi lado en la hora de la muerte.

Volvimos a quedar en triste silencio. Al cabo de algún tiempo, Concha se incorporó en las almohadas. Tenía los ojos llenos de lágrimas. En voz muy baja me dijo:

—Xavier, dame aquel cofre de mis joyas, que está sobre el tocador. Ábrelo. Ahí guardo también tus cartas... Vamos a quemarlas juntos... No quiero que me sobrevivan.

Era un cofre de plata, labrado con la suntuosidad decadente del siglo XVIII. Exhalaba un suave perfume de violetas, y lo aspiré cerrando los ojos:

—¿No tienes más cartas que las mías?

—Nada más.

—¡Ah! Tu nuevo amor no sabe escribir.

—¿Mi nuevo amor? ¿Qué nuevo amor? ¡Seguramente has pensado alguna atrocidad!

—Creo que sí.

—¿Cuál?

—No te la digo.

—¿Y si adivinase?

—No puedes adivinar.

—¿Qué enormidad habrás pensado?

Yo exclamé riéndome:

—Florisel.

Por los ojos de Concha pasó una sombra de enojo:

—¡Y serás capaz de haberlo pensado!

Hundió las manos entre mis cabellos, arremolinándolos:

—¿Qué hago yo contigo? ¿Te mato?

Viéndome reír, ella reía también, y sobre su boca pálida, la risa era fresca, sensual, alegre:

—¡No es posible que hayas pensado eso!

—Di que parece imposible.

—¿Pero lo has pensado?

—Sí.

—¡No te creo! ¿Cómo has podido siquiera imaginarlo?

—Recordé mi primera conquista. Tenía yo once años y una dama se enamoró de mí. ¡Era también muy bella!

Concha murmuró en voz baja:

—Mi tía Augusta.

—Sí.

—Ya me lo has contado... ¿Pero tú no eras más bello que Florisel?

Dudé un momento y creí que mis labios iban a mancharse con una mentira. Al fin, tuve el valor de confesar la verdad:

—¡Ay, Concha! Yo era menos bello.

Mirándome burlona, cerró el cofre de sus joyas.

—Otro día quemaremos tus cartas. Hoy no. Tus celos me han puesto de buen humor.

Y echándose sobre la almohada volvió a reír, como antes, con frescas y alegres carcajadas. El día de quemar aquellas cartas no llegó para nosotros: Yo me he resistido siempre a quemar las cartas de amores. Las he amado como aman los poetas sus versos. Cuando murió Concha, en el cofre de plata, con las joyas de familia las heredaron sus hijas.

★　★　★

Las almas enamoradas y enfermas son tal vez las que tejen los más hermosos sueños de la ilusión. Yo nunca había visto a Concha ni tan amante ni tan feliz. Aquel renacimiento de nuestros amores fue como una tarde otoñal de celajes dorados, amable y melancólica. ¡Tarde y celajes que yo pude contemplar desde los miradores del Palacio, cuando Concha con romántica fatiga se apoyaba en mi hombro! Por el campo verde y húmedo, bajo el sol que moría, ondulaba el camino. Era luminoso y solitario. Concha suspiró con la mirada perdida:

—¡Por ese camino hemos de irnos los dos!

Y levantaba su mano pálida, señalando a lo lejos los

cipreses del cementerio. La pobre Concha hablaba de
morir sin creer en ello. Yo me burlaba:

—Concha, no me hagas suspirar. Ya sabes que soy
un príncipe a quien tienes encantado en tu Palacio. Si
quieres que no se rompa el encanto, has de hacer de mi
vida un cuento alegre.

Concha, olvidando sus tristezas del crepúsculo, son-
reía:

—Ese camino es también por donde tú has venido...

La pobre Concha procuraba mostrarse alegre. Sabía
que todas las lágrimas son amargas y que el aire de los
suspiros, aun cuando perfumado y gentil, sólo debe du-
rar lo que una ráfaga. ¡Pobre Concha! Era tan pálida y
tan blanca como esos ramos de azucenas que embalsa-
man las capillas con más delicado perfume al marchi-
tarse. De nuevo levantó su mano, diáfana como mano
de hada:

—¿Ves, allá lejos, un jinete?

—No veo nada.

—Ahora pasa la Fontela.

—Sí, ya le veo.

—Es el tío Don Juan Manuel.

—¡El magnífico hidalgo del Pazo de Lantañón!

Concha hizo un gesto de lástima:

—¡Pobre señor! Estoy segura que viene a verte.

Don Juan Manuel se había detenido en medio del
camino, y levantándose sobre los estribos y quitándose
el chambergo, nos saludaba. Después, con voz podero-
sa, que fue repetida por un eco lejano, gritó:

—¡Sobrina! ¡Sobrina! ¡Manda abrir la cancela del
jardín!

Concha levantó los brazos indicándole que ya man-
daba, luego, volviéndose a mí, exclamó riéndose:

—Dile tú que ya van.

Yo rugí, haciendo bocina con las manos:

—¡Ya van!

Pero Don Juan Manuel aparentó no oírme. El privi-

legio de hacerse entender a tal distancia, era suyo no
más. Concha se tapó los oídos:

—Calla, porque jamás confesará que te oye.

Yo seguí rugiendo:

—¡Ya van! ¡Ya van!

Inútilmente. Don Juan Manuel se inclinó acariciando
el cuello del caballo. Había decidido no oírme. Des-
pués volvió a levantarse sobre los estribos:

—¡Sobrina! ¡Sobrina!

Concha se apoyaba en la ventana riendo como una
niña feliz:

—¡Es magnífico!

Y el viejo seguía gritando desde el camino:

—¡Sobrina! ¡Sobrina!

Es verdad que era magnífico aquel Don Juan Manuel
Montenegro. Sin duda le pareció que no acudían a
franquearle la entrada con toda la presteza requerida,
porque hincando las espuelas al caballo, se alejó al ga-
lope. Desde lejos, se volvió gritando:

—No puedo detenerme. Voy a Viana del Prior. Ten-
go que apalear a un escribano.

Florisel, que bajaba corriendo para abrir la cancela,
se detuvo a mirar cuán gallardamente se partía. Des-
pués volvió a subir la vieja escalinata revestida de ye-
dra. Al pasar por nuestro lado, sin levantar los ojos,
pronunció solemne y doctoral:

—¡Gran señor, muy gran señor, es Don Juan Ma-
nuel!.

Creo que era una censura, porque nos reíamos del
viejo hidalgo. Yo le llamé:

—Oye, Florisel.

Se detuvo temblando.

—¿Qué me mandaba?

—¿Tan gran señor te parece Don Juan Manuel?

—Mejorando las nobles barbas que me oyen.

Y sus ojos infantiles, fijos en Concha, demandaban
perdón. Concha hizo un gesto de reina indulgente. Pe-
ro lo echó a perder, riendo como una loca. El paje se

alejó en silencio. Nosotros nos besamos alegremente, y antes de desunir las bocas, oímos el canto lejano de los mirlos, guiados por la flauta de cana que tañía Florisel.

★ ★ ★

Era noche de luna, y en el fondo del laberinto cantaba la fuente como un pájaro escondido. Nosotros estábamos silenciosos, con las manos enlazadas. En medio de aquel recogimiento sonaron en el corredor pasos lentos y cansados. Entró Candelaria con una lámpara encendida, y Concha exclamó como si despertase de un sueño:

—¡Ay!... Llévate esa luz.

—¿Pero van a estar a oscuras? Miren que es malo tomar la luna.

Concha preguntó sonriendo:

—¿Por qué es malo, Candelaria?

La vieja repuso, bajando la voz:

—Bien lo sabe, señorita... ¡Por las brujas!

Candelaria se alejó con la lámpara haciendo muchas veces la señal de la cruz, y nosotros volvimos a escuchar el canto de la fuente que le contaba a la luna su prisión en el laberinto. Un reloj de cuco, que acordaba el tiempo del fundador, dio las siete. Concha murmuró:

—¡Qué temprano anochece! ¡Las siete todavía!

—Es el Invierno que llega.

—¿Tú, cuándo tienes que irte?

—¿Yo? Cuando tú me dejes.

Concha suspiró:

—¡Ay! ¡Cuando yo te deje! ¡No te dejaría nunca!

Y estrechó mi mano en silencio. Estábamos sentados en el fondo del mirador. Desde allí veíamos el jardín iluminado por la luna, los cipreses mustios destacándose en el azul nocturno coronados de estrellas, y una fuente negra con agua de plata. Concha me dijo:

—Ayer he recibido una carta. Tengo que enseñártela.

—¿Una carta, de quién?

—De tu prima Isabel. Viene con las niñas.

—¿Isabel Bendaña?

—Sí.

—¿Pero tiene hijas Isabel?

Concha murmuró tímidamente:

—No, son mis hijas.

Yo sentí pasar como una brisa abrileña sobre el jardín de los recuerdos. Aquellas dos niñas, las hijas de Concha, en otro tiempo me querían mucho, y también yo las quería. Levanté los ojos para mirar a su madre. No recuerdo una sonrisa tan triste en los labios de Concha:

—¿Qué tienes?... ¿Qué te sucede?...

—Nada.

—¿Las pequeñas están con su padre?

—No. Las tengo educándose en el Convento de la Enseñanza.

—Ya serán unas mujeres.

—Sí. Están muy altas.

—Antes eran preciosas. No sé ahora.

—Como su madre.

—No, como su madre nunca.

Concha volvió a sonreír con aquella sonrisa dolorosa, y quedó pensativa contemplando sus manos:

—He de pedirte un favor.

—¿Qué es?

—Si viene Isabel con mis hijas, tenemos que hacer una pequeña comedia. Yo les diré que estás en Lantañón cazando con mi tío. Tú vienes una tarde, y sea porque hay tormenta o porque tenemos miedo a los ladrones, te quedas en el Palacio, como nuestro caballero.

—¿Y cuántos días debe durar mi destierro en Lantañón?

Concha exclamó vivamente:

—Ninguno. La misma tarde que ellas vengan. ¿No te ofendes, verdad?

—No, mi vida.

—Qué alegría me das. Desde ayer estoy dudando, sin atreverme a decírtelo.

—¿Y tú crees que engañaremos a Isabel?

—No lo hago por Isabel, lo hago por mis pequeñas, que son unas mujercitas.

—¿Y Don Juan Manuel?

—Yo le hablaré. Ése no tiene escrúpulos. Es otro descendiente de los Borgias. ¿Tío tuyo, verdad?

—No sé. Tal vez será por ti el parentesco.

Ella contestó riéndose.

—Creo que no. Tengo una idea que tu madre le llamaba primo.

—¡Oh! Mi madre conoce la historia de todos los linajes. Ahora tendremos que consultar a Florisel.

Concha replicó:

—Será nuestro Rey de Armas.

Y al mismo tiempo, en la rosa pálida de su boca temblaba una sonrisa. Luego quedó cavilosa con las manos cruzadas contemplando el jardín. En su jaula de cañas colgada sobre la puerta del mirador, silbaban una vieja riveirana los mirlos que cuidaba Florisel. En el silencio de la noche, aquel ritmo alegre y campesino evocaba el recuerdo de las felices danzas célticas a la sombra de los robles. Concha empezó también a cantar. Su voz era dulce como una caricia. Se levantó y anduvo vagando por el mirador. Allá, en el fondo, toda blanca en el reflejo de la luna, comenzó a bailar uno de esos pasos de égloga alegres y pastoriles. Pronto se detuvo suspirando:

—¡Ay! ¡Cómo me canso! ¿Has visto que he aprendido la riveirana?

Yo repuse riéndome:

—¿Eres también discípula de Florisel?

—También.

Acudí a sostenerla. Cruzó las manos sobre mi hombro y reclinando la mejilla, me miró con sus bellos ojos de enferma. La besé, y ella mordió mis labios con sus labios marchitos.

★   ★   ★

¡Pobre Concha!... Tan demacrada y tan pálida, tenía la noble resistencia de una diosa para el placer. Aquella noche la llama de la pasión nos envolvió mucho tiempo, ya moribunda, ya frenética, en su lengua dorada. Oyendo el canto de los pájaros en el jardín, quedéme dormido en brazos de Concha. Cuando me desperté, ella estaba incorporada en las almohadas, con tal expresión de dolor y sufrimiento, que sentí frío. ¡Pobre Concha! Al verme abrir los ojos, todavía sonrió. Acariciándole las manos, le pregunté:

—¿Qué tienes?

—No sé. Creo que estoy muy mal.

—¿Pero qué tienes?

—No sé... ¡Qué vergüenza si me hallasen muerta aquí!

Al oírla sentí el deseo de retenerla a mi lado:

—¡Estás temblando, pobre amor!

Y la estreché entre mis brazos. Ella entornó los ojos: ¡Era el dulce desmayo de sus párpados cuando quería que yo se los besase! Como temblaba tanto, quise dar calor a todo su cuerpo con mis labios, y mi boca recorrió celosa sus brazos hasta el hombro, y puse un collar de rosas en su cuello. Después alcé los ojos para mirarla. Ella cruzó sus manos pálidas y las contempló melancólica. ¡Pobres manos delicadas, exangües, casi frágiles! Yo le dije:

—Tienes manos de Dolorosa.

Se sonrió:

—Tengo manos de muerta.

—Para mí eres más bella cuanto más pálida.

Pasó por sus ojos una claridad feliz:

—Sí, sí. Todavía te gusto mucho y te hago sentir.

Rodeó mi cuello, y con una mano levantó los senos, rosas de nieve que consumía la fiebre. Yo entonces la enlacé con fuerza, y en medio del deseo, sentí como una mordedura el terror de verla morir. Al oírla suspirar, creí que agonizaba. La besé temblando como si fuese a comulgar su vida. Con voluptuosidad dolorosa y no gustada hasta entonces, mi alma se embriagó en aquel perfume de flor enferma que mis dedos deshojaban consagrados e impíos. Sus ojos se abrieron amorosos bajo mis ojos. ¡Ay! Sin embargo, yo adiviné en ellos un gran sufrimiento. Al día siguiente Concha no pudo levantarse.

★ ★ ★

La tarde caía en medio de un aguacero. Yo estaba refugiado en la biblioteca, leyendo el *Florilegio de Nuestra Señora*, un libro de sermones compuesto por el Obispo de Corinto, Don Pedro de Bendaña, fundador del Palacio. A veces me distraía oyendo el bramido del viento en el jardín, y el susurro de las hojas secas que corrían arremolinándose por las carreras de mirtos seculares. Las ramas desnudas de los árboles rozaban los vidrios emplomados de las ventanas. Reinaba en la biblioteca una paz de monasterio, un sueño canónico y doctoral. Sentíase en el ambiente el hálito de los infolios antiguos encuadernados en pergamino, los libros de humanidades y de teología donde estudiaba el Obispo. De pronto sentí una voz poderosa que llamaba desde el fondo del corredor:

—¡Marqués!... ¡Marqués de Bradomín!...

Entorné el *Florilegio* sobre la mesa, para guardar la página, y me puse de pie. La puerta se abría en aquel momento y Don Juan Manuel apareció en el umbral, sacudiendo el agua que goteaba de su montecristo:

—¡Mala tarde, sobrino!

—¡Mala, tío!

Y quedó sellado nuestro parentesco.

—¿Tú, leyendo aquí encerrado?... ¡Sobrino, es lo peor para quedarse ciego!

Acercóse a la lumbre y extendió las manos sobre la llama.

—¡Es nieve lo que cae!

Después volvióse de espaldas al fuego, e irguiéndose ante mí exclamó con su engolada voz de gran señor:

—Sobrino, has heredado la manía de tu abuelo, que

también se pasaba los días leyendo. ¡Así se volvió loco!... ¿Y qué librote es ése?

Sus ojos, hundidos y verdosos, dirigían al *Florilegio de Nuestra Señora* una mirada llena de desdén. Apartóse de la lumbre y dio algunos pasos por la biblioteca, haciendo sonar las espuelas. Se detuvo de pronto:

—¡Marqués de Bradomín, se acabó la sangre de Cristo en el Palacio de Brandeso!

Comprendiendo lo que deseaba me levanté. Don Juan Manuel extendió un brazo, deteniéndome con soberano gesto:

—¡No te muevas! ¿Habrá algún criado en el Palacio?

Y desde el fondo de la biblioteca empezó a llamar con grandes voces:

—¡Arnelas!... ¡Brión!... Uno cualquiera, que suba presto...

Ya empezaba a impacientarse, cuando Florisel apareció en la puerta:

—¿Qué mandaba, señor padrino?

Y llegóse a besar la mano del hidalgo, que le acarició la cabeza:

—Súbeme del tinto que se coge en la Fontela.

Y Don Juan Manuel volvió a pasear la biblioteca. De tiempo en tiempo se detenía frente al fuego, extendiendo las manos, que eran pálidas, nobles y descarnadas como las manos de un rey asceta. A pesar de los años, que habían blanqueado por completo sus cabellos, conservábase arrogante y erguido como en sus buenos tiempos, cuando servía en la Guardia Noble de la Real Persona. Llevaba ya muchos años retirado en su Pazo de Lantañón, haciendo la vida de todos los mayorazgos campesinos, chalaneando en las ferias, jugando en las villas y sentándose a la mesa de los abades en todas las fiestas. Desde que Concha vivía retirada en el Palacio de Brandeso, era también frecuente verle aparecer por allí. Ataba su caballo en la puerta del jardín, y entrábase dando voces. Se hacía servir vino, y bebía hasta dormirse en el sillón. Cuando despertaba, fuese de día o de noche, pedía su caballo, y dando cabeceos sobre la silla, tornaba a su Pazo. Don Juan Manuel tenía gran predilección por el tinto de la Fontela, guardado en una vieja cuba que acordaba al tiempo de los franceses. Impacientándose porque tardaban en subir de la bodega, se detuvo en medio de la biblioteca:

—¡Ese vino!... ¿O acaso están haciendo la vendimia?

Todo trémulo apareció Florisel con un jarro, que colocó sobre la mesa. Don Juan Manuel despojóse de su montecristo, y tomó asiento en un sillón:

—Marqués de Bradomín, te aseguro que este vino de la Fontela es el mejor vino de la comarca. ¿Tú conoces el del Condado? Éste es mejor. Y si lo hiciesen eligiendo la uva, sería el mejor del mundo.

Decía esto mientras llenaba el vaso, que era de cristal tallado, con asa y la cruz de Calatrava en el fondo. Uno de esos vasos pesados y antiguos, que recuerdan los refectorios de los conventos. Don Juan Manuel bebió con largura y sosiego, apurando el vino de un solo trago, y volvió a llenar el vaso:

—Muchos así debía beberse mi sobrina. ¡No estaría entonces como está!

En aquel momento Concha asomó en la puerta de la biblioteca, arrastrando la cola de su ropón monacal y sonriendo:

—El tío Don Juan Manuel quiere que le acompañes. ¿Te lo ha dicho? Mañana es la fiesta del Pazo: San Rosendo de Lantañón. Dice el tío que te recibirán con palio.

Don Juan Manuel asintió con un ademán soberano.

—Ya sabes que desde hace tres siglos es privilegio de los Marqueses de Bradomín ser recibidos con palio en las feligresías de San Rosendo de Lantañón, Santa Baya de Cristamilde y San Miguel de Deiro. ¡Los tres curatos son presentación de tu casa! ¿Me equivoco, sobrino?

—No se equivoca usted, tío.

Concha interrumpió, riéndose:

—No le pregunte usted. ¡Es un dolor, pero el último Marqués de Bradomín no sabe una palabra de esas cosas!

Don Juan Manuel movió la cabeza gravemente:

—¡Eso lo sabe! ¡Debe saberlo!

Concha se dejó caer en el sillón que yo ocupaba poco antes, y abrió el *Florilegio de Nuestra Señora* con aire doctoral:

—¡Estoy segura que ni siquiera conoce el origen de la casa de Bradomín!

Don Juan Manuel se volvió hacia mí, noble y conciliador:

—¡No hagas caso! Tu prima quiere indignarte.

Concha insistió:

—¡Supiera al menos cómo se compone el blasón de la noble casa de Montenegro!

Don Juan Manuel frunció el áspero y canoso entrecejo:

—¡Eso lo saben los niños más pequeños!

Concha murmuró con una sonrisa de dulce y delicada ironía:

—¡Como que es el más ilustre de los linajes españoles!

—Españoles y tudescos, sobrina. Los Montenegros de Galicia descendemos de una emperatriz alemana. Es el único blasón español que lleva metal sobre metal: Espuelas de oro en campo de plata. El linaje de Bradomín también es muy antiguo. Pero entre todos los títulos de tu casa: Marquesado de Bradomín, Marquesado de San Miguel, Condado de Barbanzón y Señorío de Padín, el más antiguo y el más esclarecido es el Señorío. Se remonta hasta Don Roldán, uno de los Doce Pares. Don Roldán ya sabéis que no murió en Roncesvalles, como dicen las Historias.

Yo no sabía nada, pero Concha asintió con la cabeza. Ella sin duda conocía aquel secreto de familia. Don Juan Manuel, después de apurar otro vaso, continuó:

—¡Como yo también desciendo de Don Roldán, naturalmente, estoy muy bien enterado de estas cosas! Don Roldán pudo salvarse, y en una barca llegó hasta la isla de Sálvora. Atraído por una sirena naufragó en aquella playa, y tuvo de la sirena un hijo, que por serlo de Don Roldán se llamó Padín, y viene a ser lo mismo que Paladín. Ahí tienes por qué una sirena abraza y sostiene tu escudo en la iglesia de Lantañón.

Se levantó, y acercándose a una ventana, miró a través de los vidrios emplomados si abonanzaba el tiempo. El sol aparecía apenas entre densos nubarrones. Un instante permaneció Don Juan Manuel contemplando el aspecto del cielo. Después volvióse hacia nosotros:

—Llego hasta mis molinos que están ahí cerca y vuelvo a buscarte... Puesto que tienes la manía de leer, en el Pazo te daré un libro antiguo, pero de letra grande y clara, donde todas estas historias están contadas muy por largo.

Don Juan Manuel acabó de vaciar el vaso, y salió de la biblioteca haciendo sonar las espuelas. Cuando se perdió en el largo corredor el eco de sus pasos, Concha se levantó apoyándose en el sillón y vino hacia mí: Era toda blanca como un fantasma.

★   ★   ★

En el fondo del laberinto cantaba la fuente como un pájaro escondido, y el sol poniente doraba los cristales del mirador donde nosotros esperábamos. Era tibio y fragante: Gentiles arcos cerrados por vidrieras de colores le flanqueaban con ese artificio del siglo galante que imaginó las pavanas y las gavotas. En cada arco, las vidrieras formaban tríptico y podía verse el jardín en medio de una tormenta, en medio de una nevada y en medio de un aguacero. Aquella tarde el sol de Otoño penetraba hasta el centro como la fatigada lanza de un héroe antiguo.

Concha, inmóvil en el arco de la puerta, miraba hacia el camino suspirando. En derredor volaban las palomas. La pobre Concha enojárase conmigo porque oía sonriendo el relato de una celeste aparición, que le fuera acordada hallándose dormida en mis brazos. Era un sueño como los tenían las santas de aquellas historias que me contaba cuando era niño, la dama piadosa y triste que entonces habitaba el Palacio. Recuerdo aquel sueño vagamente: Concha estaba perdida en el laberinto, sentada al pie de la fuente y llorando sin consuelo. En esto se le apareció un Arcángel: No llevaba espada ni broquel: Era cándido y melancólico como un lirio: Concha comprendió que aquel adolescente no venía a pelear con Satanás. Le sonrió a través de las lágrimas, y el Arcángel extendió sobre ella sus alas de luz y la guió... El laberinto era el pecado en que Concha estaba perdida, y el agua de la fuente eran todas las lágrimas que había de llorar en el Purgatorio. A pesar de nuestros amores, Concha no se condenaría. Después de guiarla a través de los mirtos verdes e inmóviles, en la puerta del arco donde se miraban las dos Quimeras, el Arcángel agitó las alas para volar. Concha, arrodillándose, le preguntó si debía entrar en un convento, el Arcángel no respondió. Concha, retorciéndose las manos, le preguntó si debía deshojar en el viento la flor de sus amores, el Arcángel no respondió. Concha, arrastrándose sobre las piedras, le preguntó si iba a morir, el Arcángel tampoco respondió, pero Concha sintió caer dos lágrimas en sus manos. Las lágrimas le rodaban entre los dedos como dos diamantes. Entonces Concha había comprendido el misterio de aquel sueño... La pobre al contármelo suspiraba y me decía:

—Es un aviso del Cielo, Xavier.

—Los sueños nunca son más que sueños, Concha.

—¡Voy a morir!... ¿Tú no crees en las apariciones?

Me sonreí, porque entonces aún no creía, y Concha se alejó lentamente hacia la puerta del mirador. Sobre su cabeza volaron las palomas como un augurio feliz. El campo verde y húmedo, sonreía en la paz de la tarde, con el caserío de las aldeas disperso y los molinos lejanos desapareciendo bajo el emparrado de las puertas, y las montañas azules con la primera nieve en las cumbres. Bajo aquel sol amable que lucía en medio de los aguaceros, iba por los caminos la gente de las aldeas. Una pastora con dengue de grana guiaba sus carneros hacia la iglesia de San Gundián, mujeres cantando volvían de la fuente, un viejo cansado picaba la yunta de sus vacas que se detenían mordisqueando en los vallados, y el humo blanco parecía salir de entre las higueras... Don Juan Manuel asomó en lo alto de la cuesta, glorioso y magnífico, con su montecristo flotando. Al pie de la escalinata, Brión el mayordomo tenía de las riendas un caballo viejo, prudente, reflexivo y grave como un Pontífice. Era blanco con grandes crines venerables, estaba en el Palacio desde tiempo inmemorial. Relinchó noblemente, y Concha al oírle enjugó una lágrima que hacía más bellos sus ojos de enferma:

—¿Vendrás mañana, Xavier?

—Sí.

—¿Me lo juras?

—Sí.

—¿No te vas enojado conmigo?

Sonriendo con ligera broma le respondí:

—No me voy enojado contigo, Concha.

Y nos besamos con el beso romántico de aquellos tiempos. Yo era el Cruzado que partía a Jerusalén, y Concha la Dama que le lloraba en su castillo al claro de la luna. Confieso que mientras llevé sobre los hombros la melena merovingia como Espronceda y como Zorrilla, nunca supe despedirme de otra manera. ¡Hoy los años me han impuesto la tonsura como a un diácono, y sólo me permiten murmurar un melancólico adiós! Felices tiempos los tiempos juveniles. ¡Quién fuese como aquella fuente, que en el fondo del laberinto aún ríe con su risa de cristal, sin alma y sin edad!...

*   *   *

Concha, tras los cristales del mirador, nos despedía agitando su mano blanca. Aún no se había puesto el sol, y el airoso creciente de la luna ya comenzaba a lucir en aquel cielo triste y otoñal. La distancia al Pazo de Lantañón era de dos leguas, y el camino de herradura, pedregoso y con grandes charcos, ante los cuales se detenían nuestras cabalgaduras moviendo las orejas, mientras en la otra orilla, algún rapaz aldeano que dejaba beber pacíficamente a la yunta cansada de sus bueyes, nos miraba en silencio. Los pastores que volvían del monte trayendo los rebaños por delante se detenían en las revueltas, y arreaban a un lado sus ovejas para dejarnos paso. Don Juan Manuel iba el primero. A cada momento yo le veía tambalearse sobre el caballo, que se mostraba inquieto y no acostumbrado a la silla. Era un tordo montaraz y de poca alzada, de ojos bravíos y de boca dura. Parecía que por castigo le llevaba su dueño tonsurado de cola y crin. Don Juan Manuel gobernábale sin cordura: Le castigaba con la espuela y al mismo tiempo le recogía las riendas, el potro se encabritaba sin conseguir desarzonarle, porque en tales momentos el viejo hidalgo lucía una gran destreza.

A medio camino se nos hizo completamente de noche. Don Juan Manuel continuaba tambaleándose sobre la silla, pero esto no impedía que en los malos pasos alzase su poderosa voz para advertirme que refrenase mi rocín. Llegando a la encrucijada de tres caminos, donde había un retablo de ánimas, algunas mujeres que estaban arrodilladas rezando, se pusieron en pie. Asustado el potro de Don Juan Manuel, dio una huida y el jinete cayó. Las devotas lanzaron un grito, y el potro, rompiendo por entre ellas, se precipitó al galope, llevando a rastras el cuerpo de Don Juan Manuel, sujeto por un pie del estribo. Yo me precipité detrás... Los zarzales que orillaban el camino producían un ruido sordo cuando el cuerpo de Don Juan Manuel pasaba batiendo contra ellos. Era una cuesta pedregosa que baja hasta el río y, en la oscuridad, yo veía las chispas que saltaban bajo las herraduras del potro. Al fin, atro-

pellando por encima de Don Juan Manuel, pude pasar
delante y cruzarme con mi rocín en el camino. El potro
se detuvo cubierto de sudor, relinchando y con los ija-
res trémulos. Salté a tierra. Don Juan Manuel estaba
cubierto de sangre y de lodo. Al inclinarme abrió lenta-
mente los ojos tristes y turbios. Sin exhalar una queja
volvió a cerrarlos. Comprendí que se desmayaba: Le
alcé del suelo y le crucé sobre mi caballo. Emprendi-
mos la vuelta. Cerca del Palacio fue preciso hacer un
alto. El cuerpo de Don Juan Manuel se resbalaba y
tuve que atravesarle mejor sobre la silla. Me asustó el
frío de aquellas manos que pendían inertes... Volví a
tomar el diestro del caballo que relinchaba, y seguimos
acercándonos al Palacio. A pesar de la noche vi que
salían al camino por la cancela del jardín tres mozos
caballeros en sendas mulas. Les interrogué desde
lejos:

—¿Sois alquiladores?

Los tres repitieron a coro:

—Sí, señor.

—¿Qué gente habéis llevado al Palacio?

—Una señora aún moza, y dos señoritas pequeñas...
Esta misma tarde llegaron a Viana en la barca de Fla-
via-Longa.

Los tres espoliques habían arrendado sus mulas so-
bre la orilla del camino, para dejarme paso. Cuando
vieron el cuerpo de Don Juan Manuel cruzado sobre mi
caballo, habláronse en voz baja. No osaron, sin embar-
go, interrogarme. Debieron presumir que era alguno a
quien yo había dado muerte. Juraría que los tres villa-
nos temblaban sobre sus cabalgaduras. Hice alto en
medio del camino, y mandé a uno de ellos que echase
pie a tierra para tenerme el caballo, en tanto que yo
daba aviso en el Palacio. El espolique se apeó en silen-
cio. Al entregarle las riendas reconoció a Don Juan
Manuel:

—¡Válgame Nuestra Señora de Brandeso! Es el
mayorazgo de Lantañón...

Asió los ramales con mano trémula y murmuró en voz baja, llena de temeroso respeto:

—¿Alguna desgracia, mi Señor Marqués?

—Cayóse de su caballo.

—¡Parece que viene muerto!

—¡Parece que sí!

En aquel momento Don Juan Manuel alzóse trabajosamente en la silla:

—No vengo más que medio muerto, sobrino.

Y suspiró con la entereza del hombre que reprime una queja. Dirigió a los espoliques una mirada inquisidora, y volvióse a mí:

—¿Qué gente es ésa?

—Los alquiladores que han venido con Isabel y con las niñas.

—¿Pues dónde estamos?

—Delante del Palacio.

Hablando de esta suerte, volví a tomar el caballo del diestro y penetré bajo la secular avenida. Los espoliques se despidieron:

—¡Santas y buenas noches!

—¡Vayan muy dichosos!

—¡El Señor les acompañe!

Se alejaban al paso castellano de sus mulas. Don Juan Manuel volvióse suspirando, y apoyadas las manos en uno y otro borrén, les gritó ya de muy lejos, todavía con arrogante voz:

—Si topaseis mi potro, llevadlo a Viana del Prior.

A las palabras del hidalgo respondió una voz perdida en el silencio de la noche, deshecha en las ráfagas del aire:

—¡Señor padrino, descuide!...

Bajo la sombra familiar de los castaños, mi rocín, venteando la cuadra, volvió a relinchar. Allá lejos, pegados a las tapias del Palacio, cruzaban dos criados hablando en dialecto. El que iba delante llevaba un farol que mecía acompasado y lento. Tras los vidrios empañados de rocío, la brumosa llama de aceite iluminaba con temblona claridad la tierra mojada, y los zuecos de los dos aldeanos. Hablando en voz baja se detuvieron un momento ante la escalinata, y al reconocernos, adelantaron con el farol en alto para poder alumbrarnos, desde lejos, el camino. Eran los dos zagales del ganado que iban repartiendo por los pesebres la ración nocturna de húmeda y olorosa yerba. Acercáronse, y con torpe y asustadizo respeto bajaron del caballo a Don Juan Manuel. El farol alumbraba colocado sobre el balaustral de la escalinata. El hidalgo subió apoyándose en los hombros de los criados. Yo me adelanté para prevenir a Concha. ¡La pobre era tan buena, que parecía estar siempre esperando una ocasión propicia para poder asustarse!

★   ★   ★

Hallé a Concha en el tocador rodeada de sus hijas y entretenida en peinar los largos cabellos de la más pequeña. La otra estaba sentada en el canapé Luis XV al lado de su madre. Las dos niñas eran muy semejantes: Rubias y con los ojos dorados, parecían dos princesas infantiles pintadas por el Tiziano en la vejez. La mayor se llamaba María Fernanda, la pequeña María Isabel. Las dos hablaban a un tiempo contando los lances del viaje, y su madre las oía sonriendo, encantada y feliz, con los dedos pálidos, perdidos entre el oro de los cabellos infantiles. Cuando yo entré sobresaltóse un poco, pero supo dominarse. Las dos pequeñas me miraban poniéndose encendidas. Su madre exclamó con la voz ligeramente trémula:

—¡Qué agradable visita! ¿Vienes de Lantañón? ¿Sin duda sabías la llegada de mis hijas?...

—La supe en el Palacio. El honor de veros lo debo a Don Juan Manuel, que rodó del caballo al bajar la cuesta de Brandeso.

Las dos niñas interrogaron a su madre:

—¿Es el tío de Lantañón?

—Sí, hijas mías.

Al mismo tiempo Concha dejaba preso en la trenza

de su hija el peine de marfil y sacaba de entre las he-
bras de oro una mano pálida, que me alargó en silen-
cio. Los ojos inocentes de las niñas no se apartaban de
nosotros. Su madre murmuró:

—¿Qué dices? ¡Válgame Dios!... ¡Una caída a sus
años!... ¿Y de dónde veníais?

—De Viana del Prior.

—¿Cómo no habéis encontrado en el camino a Isabel
y a mis hijas?

—Hemos atajado por el monte.

Concha apartó sus ojos de los míos para no reírse, y
continuó peinando la destrenzada cabellera de su hija.
¡Aquella cabellera de matrona veneciana, tendida
sobre los hombros de una niña! Poco después entró
Isabel:

—¡Primacho, ya sabía que estabas aquí!

—¿Cómo lo sabías?

—Porque he visto al tío Don Juan Manuel. ¡Verda-
deramente es milagroso que no se haya matado!

Concha se incorporó apoyándose en sus hijas, que
flaqueaban al sostenerla y sonreían como en un juego.

—Vamos a verle, pequeñas. ¡Pobre señor!

Yo le dije:

—Déjalo para mañana, Concha.

Isabel se acercó y la hizo sentar:

—Lo mejor es que descanse. Acabamos de envolver-
le en paños de vinagre. Entre Candelaria y Florisel le
han acostado.

Nos sentamos todos. Concha mandó a la mayor de
sus hijas que llamase a Candelaria. La niña se levantó
corriendo. Cuando llegaba a la puerta, su madre le
dijo:

—¿Pero adónde vas, María Fernanda?

—¿No me has dicho?...

—Sí, hija mía; pero basta que toques el «tan-tan»
que está al lado del tocador.

María Fernanda obedeció ligera y aturdida. Su ma-
dre la besó con ternura, y luego, sonriendo, besó a la

pequeña, que la miraba con sus grandes ojos de topacio. Entró Candelaria deshilando un lenzuelo blanco:

—¿Han llamado?

María Fernanda se adelantó:

—Yo llamé, Candela. Me mandó mamá.

Y la niña corrió al encuentro de la vieja criada, quitándole el lenzuelo de las manos para continuar ella haciendo hilas. María Isabel, que estaba sentada sobre la alfombra con la sien reclinada en las rodillas de su madre, levantó mimosa la cabeza:

—Candela, dame a mí para que haga hilas.

—Otra llegó primero, paloma.

Y Candelaria, con su bondadosa sonrisa de sierva vieja y familiar, le mostró las manos arrugadas y vacías. María Fernanda volvió a sentarse en el canapé. Entonces mi prima Isabel, que tenía predilección por la pequeña, le quitó aquel paño de lino que olía a campo y lo partió en dos:

—Toma, querida mía.

Y después de un momento su hermana María Fernanda, colocando hilo a hilo sobre el regazo, murmuró con la gravedad de una abuela:

—¡Vaya con la mimosa!

Candelaria, con las manos cruzadas sobre su delantal blanco y rizado, esperaba órdenes en medio de la estancia. Concha le preguntó por Don Juan Manuel:

—¿Le habéis dejado solo?

—Sí, señorita. Quedóse traspuesto.

—¿Dónde le habéis acostado?

—En la sala del jardín.

—También tenéis que disponer habitaciones para el Señor Marqués... No es cosa de que le dejemos volver solo a Lantañón.

Y la pobre Concha me sonreía con aquella ideal sonrisa de enferma. La frente arrugada de su antigua niñera tiñóse de rojo. La vieja miró a las niñas con ternura y después murmuró con la rancia severidad de una dueña escrupulosa y devota:

—Para el Señor Marqués ya están dispuestas las habitaciones del Obispo.

Se retiró en silencio. Las dos niñas se aplicaron a deshilar el lenzuelo, lanzándose miradas furtivas, para ver cuál adelantaba más en su tarea. Concha e Isabel secreteaban. Daba las diez un reloj, y sobre los regazos infantiles, en el círculo luminoso de la lámpara, iban formando lentamente las hilas, un cándido manojo.

★ ★ ★

Tomé asiento cerca del fuego y me distraje removiendo los leños con aquellas tenazas tradicionales, de bronce antiguo y prolija labor. Las dos niñas habíanse dormido: La mayor con la cabeza apoyada en el hombro de su madre, la pequeña en brazos de mi prima Isabel. Fuera se oía la lluvia azotando los cristales, y el viento que pasaba en ráfagas sobre el jardín misterioso y oscuro. En el fondo de la chimenea brillaban los rubíes de la brasa, y de tiempo en tiempo una llama alegre y ligera pasaba corriendo sobre ellos.

Concha e Isabel, para no despertar a las niñas, continuaban hablando en voz baja. Al verse después de tanto tiempo, las dos volvían los ojos al pasado y recordaban cosas lejanas. Era un largo y susurrador comento acerca de la olvidada y luenga parentela. Hablaban de las tías devotas, viejas y achacosas, de las primas pálidas y sin novio, de aquella pobre Condesa de Cela, enamorada locamente de un estudiante, de Amelia Camarasa, que se moría tísica, del Marqués de Tor, que tenía reconocidos veintisiete bastardos. Hablaban de nuestro noble y venerable tío, el Obispo de Mondoñedo. ¡Aquel santo, lleno de caridad, que había recogido en su palacio a la viuda de un general carlista, ayudante del Rey! Yo apenas atendía a lo que Isabel y Concha susurraban. Ellas de tiempo en tiempo me dirigían alguna pregunta, siempre con grandes intervalos.

—Tú quizá lo sepas. ¿Qué edad tiene el tío Obispo?

—Tendrá setenta años.

—¡Lo que te decía!

—¡Pues yo le hacía de más!

Y otra vez comenzaba el cálido y fácil murmullo de la conversación femenina, hasta que tornaban a dirigirme otra pregunta:

—¿Tú recuerdas cuándo profesaron mis hermanas?

Concha e Isabel me tomaban por el cronicón de la familia. Así pasamos la velada. Cerca de media noche, la conversación se fue amortiguando como el fuego de la chimenea. En medio de un largo silencio, Concha se incorporó suspirando con fatiga, y quiso despertar a María Fernanda, que dormía sobre su hombro:

—¡Ay!... ¡Hija de mi alma, mira que no puedo contigo!...

María Fernanda abrió los ojos cargados con ese sueño cándido y adorable de los niños. Su madre se inclinó para alcanzar el reloj que tenía en su joyero, con las sortijas y el rosario:

—Las doce, y estas niñas todavía en pie. No te duermas, hija mía.

Y procuraba incorporar a María Fernanda, que ahora reclinaba la cabeza en un brazo del canapé:

—En seguida os acuestan.

Y con la sonrisa desvaneciéndose en la rosa marchita de su boca, quedóse contemplando a la más pequeña de sus hijas, que dormía en brazos de Isabel, con el cabello suelto como un angelote sepultado en ondas de oro:

—¡Pobrecilla, me da pena despertarla!

Y volviéndose a mí, añadió:

—¿Quieres llamar, Xavier?

Al mismo tiempo Isabel trató de levantarse con la niña:

—No puedo: Pesa demasiado.

Y sonrió dándose por vencida, con los ojos fijos en los míos. Yo me acerqué, y cuidadosamente cogí en brazos a la pequeña sin despertarla: La onda de oro desbordó sobre mi hombro. En aquel momento oímos

en el corredor los pasos lentos de Candelaria que venía
en busca de las niñas para acostarlas.

Al verme con María Isabel en brazos, acercóse llena
de familiar respeto:

—Yo la tendré, Señor Marqués. No se moleste más.

Y sonreía, con esa sonrisa apacible y bondadosa que
suele verse en la boca desdentada de las abuelas. Silen-
cioso por no despertar a la niña, la detuve con un ges-
to. Levantóse mi prima Isabel y tomó de la mano a
María Fernanda, que lloraba porque su madre la acos-
tase. Su madre le decía besándola:

—¿Quieres que se ofenda Isabel?

Y Concha nos miraba vacilante, deseosa por compla-
cer a su hija:

—¡Dime, quieres que se ofenda?...

La niña volvióse a Isabel, suplicantes los ojos todavía
adormecidos:

—¿Tú te ofendes?

—¡Me ofendo tanto, que no dormiría aquí!

La pequeña sintió una gran curiosidad:

—¿Adónde irías a dormir?

—¿Adónde había de ir? ¡A casa del cura!

La niña comprendió que una dama de la casa de
Bendaña sólo debía hospedarse en el Palacio de Bran-
deso, y con los ojos muy tristes se despidió de su ma-
dre. Concha quedó sola en el tocador. Cuando volvi-
mos de la alcoba donde dormían las niñas, la encontra-
mos llorando. Isabel me dijo en voz baja:

—¡Cada día está más loca por ti!

Concha sospechó que era otra cosa lo que me decía y
a través de las lágrimas nos miró con ojos de celosa.
Isabel aparentó no advertirlo: Sonriendo entró delante
de mí y fue a sentarse en el canapé al lado de Concha.

—¿Qué te pasa, primacha?

Concha, en vez de responder, se llevó el pañuelo a
los ojos y después lo desgarró con los dientes. Yo la
miré con una sonrisa de sutil inteligencia, y vi florecer
las rosas en sus mejillas.

* * *

Al cerrar la puerta del salón que me servía de alco-
ba, distinguí en el fondo del corredor una sombra blan
ca que andaba lentamente, apoyándose en el muro.
Era Concha. Llegó sin ruido:

—¿Estás solo, Xavier?

—Sólo con mis pensamientos, Concha.

—¡Qué mala compañía!

—¡Adivinaste!... Pensaba en ti.

Concha se detuvo en el umbral. Tenía los ojos asus-
tados y sonreía débilmente. Miró hacia el corredor os-
curo y estremecióse toda pálida:

—¡He visto una araña negra! ¡Corría por el suelo!
¡Era enorme! No sé si la traigo conmigo.

Y sacudió en el aire su luenga cola blanca. Después
entramos, cerrando la puerta sin ruido. Concha se de-
tuvo en medio de la estancia, mostrándome una carta
que sacó del pecho.

—¡Es de tu madre!...

—¿Para ti o para mí?

—Para mí.

Me la dio, cubriéndose los ojos con una mano. Yo la
veía morderse los labios para no llorar. Al fin estalló en
sollozos:

—¡Dios mío!... ¡Dios mío!

—¿Qué te dice?

Concha cruzó las manos sobre su frente casi oscurecida
por un mechón de cabellos negros, trágicos, adustos, ex-
tendidos como la humareda de una antorcha en el viento:

—¡Lee! ¡Lee! ¡Lee!... ¡Que soy la peor de las muje-
res!... ¡Que llevo una vida de escándalo!... ¡Que estoy
condenada!... ¡Que ofendo a Dios!...

Yo quemé la carta tranquilamente en las luces del
candelabro. Concha gimió:

—¡Hubiera querido que la leyeses!

—No, hija mía... ¡Tiene muy mala letra!

Viendo volar la carta en cenizas, la pobre Concha
enjugó sus lágrimas:

—¡Qué la tía Soledad me escriba así, cuando yo la quiero y la respeto tanto!... ¡Que me odie, que me maldiga, cuando no tendría goce mayor que cuidarla y servirla como si fuera su hija!... ¡Dios mío, qué castigada me veo!... ¡Decirme que hago tu desgracia!...

Yo, sin haber leído la carta de mi madre, me la figuraba. Conocía el estilo. Clamores desesperados y coléricos como maldiciones de una sibila. Reminiscencias bíblicas. ¡Había recibido tantas cartas iguales! La pobre señora era una santa. No está en los altares por haber nacido mayorazga y querer perpetuar sus blasones tan esclarecidos como los de Don Juan Manuel. De reclamar varonía las premáticas nobiliarias y las fundaciones vinculares de su casa, hubiera entrado en un convento, y hubiera sido santa a la española, abadesa y visionaria, guerrera y fanática.

Hacía muchos años que mi madre —María Soledad Carlota Elena Agar y Bendaña— llevaba vida retirada y devota en su Palacio de Bradomín. Era una señora de cabellos grises, muy alta, muy caritativa, crédula y despótica. Yo solía visitarla todos los otoños. Estaba muy achacosa, pero a la vista de su primogénito, parecía revivir. Pasaba la vida en el hueco de un gran balcón, hilando para sus criados, sentada en una silla de terciopelo carmesí, guarnecida con clavos de plata. Por las tardes, el sol que llegaba hasta el fondo de la estancia, marcaba áureos caminos de luz, como la estela de las santas visiones que María Soledad había tenido de niña. En el silencio oíase, día y noche, el rumor lejano del río, cayendo en la represa de nuestros molinos. Mi madre pasaba horas y horas hilando en su rueca de palo santo, olorosa y noble. Sobre sus labios marchitos vagaba siempre el temblor de un rezo. Culpaba a Concha de todos mis extravíos y la tenía en horror. Recordaba, como una afrenta a sus canas, que nuestros amores habían comenzado en el Palacio de Bradomín, un verano que Concha pasó allí, acompañándola. Mi madre era su madrina, y en aquel tiempo la quería mucho. Después no volvió a verla. Un día, estando yo de caza, Concha abandonó para siempre el Palacio. Salió sola, con la cabeza cubierta y llorando, como los herejes que la Inquisición expulsaba de las viejas ciudades españolas. Mi madre la maldecía desde el fondo del corredor. A su lado estaba una criada pálida y con los ojos bajos: Era la delatora de nuestros amores. ¡Tal vez la misma boca habíale contado ahora que el Marqués de Bradomín estaba en el Palacio de Brandeso!... Concha no cesaba de lamentarse:

—¡Bien castigada estoy!... ¡Bien castigada estoy!

Por sus mejillas resbalaban las lágrimas redondas, claras y serenas, como cristales de una joya rota. Los suspiros entrecortaban su voz. Mis labios bebieron aquellas lágrimas sobre los ojos, sobre las mejillas y en los rincones de la boca. Concha apoyó la cabeza en mi hombro, helada y suspirante:

—¡También te escribirá a ti! ¿Qué piensas hacer?

Yo murmuré a su oído:

—Lo que tú quieras.

Ella guardó silencio y quedó un instante con los ojos cerrados. Después, abriéndolos cargados de amorosa y resignada tristeza, suspiró:

—Obedece a tu madre, si te escribe...

Y se levantó para salir. Yo la detuve.

—No dices lo que sientes, Concha.

—Sí lo digo... Ya ves cuánto ofendo todos los días a mi marido... Pues te juro que en la hora de mi muerte, mejor quisiera tener el perdón de tu madre que el suyo...

—Tendrás todos los perdones, Concha... Y la bendición papal.

—¡Ah, si Dios te oyese! ¡Pero Dios no puede oírnos a ninguno de nosotros!

—Se lo diremos a Don Juan Manuel, que tiene más potente voz.

Concha estaba en la puerta y se recogía la cola de su ropón monacal. Movió la cabeza con disgusto:

—¡Xavier! ¡Xavier!

Yo le dije acercándome:

—¿Te vas?

—Sí, mañana vendré.

—Mañana harás como hoy.

—No... Te prometo venir...

Llegó al fondo del corredor y me llamó en voz baja:

—Acompáñame... ¡Tengo mucho miedo a las arañas! No hables alto... Allí duerme Isabel.

Y su mano, que en la sombra era una mano de fantasma, mostrábame una puerta cerrada que se marcaba en la negrura del suelo por un débil resplandor:

—Duerme con luz.

—Sí.

Yo entonces le dije, deteniéndome y reclinando su cabeza en mi hombro:

—¡Ves!... Isabel no puede dormir sola... ¡Imitémosla!

Concha sofocó una leve risa en mi pecho. La cogí en brazos como si fuese una niña. Ahora reía en silencio. La llevé hasta la puerta de su alcoba, que estaba abierta sobre la oscuridad, y la posé en el umbral.

★ ★ ★

Me acosté rendido, y toda la mañana estuve oyendo entre sueños las carreras, las risas y los gritos de las dos pequeñas, que jugaban en la Terraza de los Miradores. Tres puertas del salón que me servía de alcoba daban sobre ella. Dormí poco, y en aquel estado de vaga y angustiosa conciencia, donde advertía cuándo se paraban las niñas ante una de las puertas, y cuando gritaban en los miradores, el moscardón verdoso de la pesadilla daba vueltas sin cesar, como el huso de las brujas hilanderas. De pronto me pareció que las niñas se alejaban: Pasaron corriendo ante las tres puertas: Una voz las llamaba desde el jardín. La terraza quedó desierta. En medio del sopor que me impedía de una manera dolorosa toda voluntad, yo columbraba que mi pensamiento iba extraviándose por laberintos oscuros, y sentía el sordo avispero de que nacen los malos ensueños, las ideas torturantes, caprichosas y deformes, prendidas en un ritmo funambulesco. En medio del silencio resonó en la terraza festivo ladrar de perros y música de cascabeles. Una voz grave y eclesiástica, que parecía venir de más lejos, llamaba:

—¡Aquí, Carabel! ¡Aquí, Capitán!

Era el Abad de Brandeso, que había venido al Palacio después de misa, para presentar sus respetos a mis nobles primas:

—¡Aquí, Carabel! ¡Aquí, Capitán!

Concha e Isabel despedían al tonsurado desde la terraza:

—¡Adiós, Don Benicio!

Y el Abad contestaba bajando la escalinata:

—¡Adiós, señoras! Retírense que corre fresco. ¡Aquí, Carabel! ¡Aquí, Capitán!

Percibí distintamente la carrera retozona de los perros. Luego, en medio de un gran silencio, se alzó la voz lánguida de Concha:

—¡Don Benicio, que mañana celebra usted misa en nuestra capilla! ¡No lo eche usted en olvido!...

Y la voz grave y eclesiástica, respondía:

—¡No lo echo en olvido!... ¡No lo echo en olvido!...

Y como un canto gregoriano, se elevaba desde el fondo del jardín entre el cascabeleo de los perros. Después las dos damas se despedían de nuevo. Y la voz grave y eclesiástica repetía:

—¡Aquí, Carabel! ¡Aquí, Capitán!... Díganle al Señor Marqués de Bradomín que hace días, cazando con el Sumiller, descubrimos un bando de perdices. Díganle que a ver cuándo le caemos encima. Resérvenlo al Sumiller, si viene por el Palacio. Me ha encargado el secreto...

Concha e Isabel pasaron ante las tres puertas. Sus voces eran un murmullo fresco y suave. La terraza volvió a quedar en silencio, y en aquel silencio me desperté completamente. No pude volver a conciliar el sueño, e hice sonar la campanilla de plata, que en la penumbra

de la alcoba resplandecía con resplandor noble y ecle-
siástico, sobre una mesa antigua, cubierta con un paño
de velludo carmesí. Florisel acudió para servirme, en
tanto me vestía. Pasó tiempo, y de nuevo oí las voces
de las dos pequeñas que volvían del palomar con Can-
delaria. Traían una pareja de pichones. Hablaban albo-
rozadas, y la vieja criada les decía, como si refiriese un
cuento de hadas, que cortándoles las alas, podrían
dejarlos sueltos en el Palacio:

—¡Cuando la madrecita era como vosotras mucho la
divertía este divertimiento!

Florisel abrió las tres puertas que daban sobre la te-
rraza, y me asomé para llamar a las niñas, que corrie-
ron a besarme cada una con su paloma blanca. Al ver-
las recordé aquellos dones celestes concedidos a las
princesas infantiles que perfuman la leyenda dorada
como lirios de azul heráldico. Las niñas me dijeron:

—¿No sabes que el tío de Lantañón se fue al amane-
cer, en tu caballo?

—¿Quién os lo ha dicho?

—Hemos ido a verle, y hallamos todo abierto, puer-
tas y ventanas, y la cama deshecha. Candelaria dice
que ella le vio salir, y Florisel también.

Yo no pude menos de reírme:

—¿Y vuestra madre lo sabe?

—Sí.

—¿Y qué dice?

Las niñas se miraron vacilantes. Hubo entre ellas un
cambio de sonrisas. Después exclamaron a un tiempo:

—Mamá dice que está loco.

Candelaria las llamó, y se alejaron corriendo para
cortar las alas a los pichones y soltarlos en las estancias
del Palacio. Aquel juego que amaba tanto de niña, la
pobre Concha.

*   *   *

En la luminosa pereza de la tarde, con todos los cris-
tales del mirador dorados por el sol y las palomas vo-
lando sobre nuestras cabezas, Isabel y las niñas habla-

ban de ir conmigo a Lantañón para saber cómo había llegado el tío Don Juan Manuel. Isabel me preguntó:

—¿Qué distancia hay, Xavier?

—No más de una legua.

—Entonces podemos ir a pie.

—¿Y no se cansarán las pequeñas?

—Son muy andarinas.

Y las niñas apresuradas, radiantes, exclamaron a un tiempo:

—¡No! ¡No!... El año pasado hemos subido al Pico Sacro sin cansarnos.

Isabel miró hacia el jardín:

—Creo que tendremos buena tarde...

—¡Quién sabe! Aquellas nubes traen agua.

—Pero ésas se van por otro lado.

Isabel confiaba en la galantería de las nubes. Nosotros dos hablábamos reunidos en el hueco de una ventana contemplando el cielo y el campo, mientras las niñas palmoteaban dando gritos, para que asustadas volasen las palomas. Al volverme vi a Concha: Estaba en la puerta, muy pálida, con los labios trémulos. Me miró y sus ojos me parecieron otros ojos: Había en ellos afán, enojo y súplica. Llevándose las dos manos a la frente murmuró:

—Florisel me dijo que estabais en el jardín.

—Hemos estado.

—¡Parece que os ocultáis de mí!

Isabel repuso sonriendo:

—Sí, para conspirar.

Cogió a las niñas de la mano, y salió llevándoselas consigo. Quedéme a solas con la pobre Concha, que anduvo lánguidamente hasta sentarse en un sillón. Después suspiró como otras veces, diciendo que se moría. Yo me acerqué festivo, y ella se indignó:

—¡Ríete!... Haces bien, déjame sola, vete con Isabel...

Alcé una de sus manos y cerré los ojos, besándole los dedos reunidos en un haz oloroso, rosado y pálido.

—¡Concha, no me hagas sufrir!

Ella agitó los párpados llenos de lágrimas, y murmuró en voz baja y arrepentida:

—¿Por qué quieres dejarme sola?... Ya comprendo que tú no tienes la culpa... ¡Es ella, que sigue loca y que te busca!...

Sequé sus lágrimas y le dije:

—No hay más locura que la tuya, mi pobre Concha... Pero como es tan bella, no quisiera verla nunca curada...

—Yo no estoy loca.

—Si que estás loca... Loca por mí.

Ella repitió con gentil enojo:

—¡No! ¡No! ¡No!...

—Sí.

—Vanidoso.

—Pues entonces, ¿para qué quieres tenerme a tu lado?

Concha me echó los brazos al cuello y exclamó riendo, después de besarme:

—¡La verdad es que si tanto te envaneces de mi cariño será porque vale mucho!

—¡Muchísimo!

Concha pasó sus manos por mis cabellos, con una caricia lenta:

—Déjalas ir, Xavier... Ya ves que te prefiero a mis hijas...

Yo, como un niño abandonado y sumiso, apoyé la frente sobre su pecho y entorné los párpados, respirando con anhelo delicioso y triste aquel perfume de flor que se deshojaba:

—Haré cuanto tú quieras. ¿No lo sabes?

Concha murmuró, mirándome en los ojos y bajando la voz:

—¿Entonces no irás a Lantañón?

—No.

—¿Te contraría?

—No... Lo siento por las niñas, que estaban consentidas.

—Pueden ir ellas con Isabel... Las acompaña el mayordomo.

En aquel momento un aguacero repentino azotó los cristales y los follajes del jardín. Las nubes oscurecieron el sol. Quedó la tarde en esa luz otoñal y triste que parece llena de alma. María Fernanda entró muy afligida:

—¿Has visto qué mala suerte tenemos, Xavier? ¡Ya está lloviendo!

Después entró María Isabel:

—¿Si escampa nos dejas ir, mamá?

Concha respondió:

—Escampando, sí.

Y las dos niñas fueron a enterrarse en el fondo de una ventana: Con la cara pegada a los cristales miraban llover. Las nubes pesadas y plomizas iban a congregarse sobre la Sierra de Céltigos, en un horizonte de agua. Los pastores, dando voces a sus rebaños, bajaban presurosos por los caminos, encapuchados en sus capas de juncos. El arco iris cubría el jardín, y los cipreses oscuros y los mirtos verdes y húmedos parecían temblar en un rayo de anaranjada luz. Candelaria con la falda recogida y chocleando las madreñas, andaba encorvada bajo un gran paraguas azul cogiendo rosas para el altar de la capilla.

* * *

La capilla era húmeda, tenebrosa, resonante. Sobre el retablo campeaba un escudo de dieciséis cuarteles, esmaltados de gules y de azur, de sable y de sinople, de oro y de plata. Era el escudo concedido por ejecutorias de los Reyes Católicos al Capitán Alonso Bendaña, fundador del Mayorazgo de Brandeso: ¡Aquel Capitán que en los Nobiliarios de Galicia tiene una leyenda bárbara! Cuentan que habiendo hecho prisionero en una cacería a su enemigo el Abad de Mos, le vistió con pieles de lobo y le soltó en el monte, donde el Abad murió atarazado por los perros. Candelaria, la niñera de Concha que, como todos los criados antiguos, sabía historias y genealogías de la casa de sus señores, solía en otro tiempo referirnos la leyenda del Capitán Alonso Bendaña, como la refieren los viejos Nobiliarios que ya nadie lee. Además, Candelaria sabía que dos enanos negros se habían llevado al infierno el cuerpo del Capitán. ¡Era tradicional que en el linaje de Brandeso los hombres fuesen crueles y las mujeres piadosas!

Yo aún recuerdo aquel tiempo cuando había capellán en el Palacio y mi tía Águeda, siguiendo añeja e hidalga costumbre, oía misa acompañada por todas sus hijas, desde la tribuna señorial que estaba al lado del Evangelio. En la tribuna tenían un escaño de velludo carmesí con alto respaldar que coronaban dos escudos nobiliarios, pero solamente mi tía Águeda, por su edad y por sus achaques, gozaba el privilegio de sentarse. A la derecha del altar estaba enterrado el Capitán Alonso Bendaña con otros caballeros de su linaje: El sepulcro tenía la estatua orante de un guerrero. A la izquierda estaba enterrada Doña Beatriz de Montenegro, con otras damas de distinto abolengo: El sepulcro tenía la estatua orante de una religiosa en hábito blanco como las Comendadoras de Santiago. La lámpara del presbiterio alumbraba día y noche ante el retablo labrado como joyel de reyes: Los áureos racimos de la vid evangélica parecían ofrecerse cargados de fruto. El santo tutelar era aquel piadoso Rey Mago que ofreció mirra al Niño Dios: Su túnica de seda bordada de oro brillaba con el resplandor devoto de un milagro oriental. La luz de la lámpara, entre las cadenas de plata, tenía tímido aleteo de pájaro prisionero, como si se afanase por volar hacia el Santo.

Concha quiso que fuesen sus manos las que dejasen aquella tarde a los pies del Rey Mago los floreros cargados de rosas, como ofrenda de su alma devota. Después, acompañada de las niñas, se arrodilló ante el altar. Yo desde la tribuna solamente oía el murmullo de

su voz, que guiaba moribunda las avemarías, pero
cuando a las niñas les tocaba responder, oía todas las
palabras rituales de la oración. Concha se levantó be-
sando el rosario, cruzó el presbiterio santiguándose y
llamó a sus hijas para rezar ante el sepulcro del guerre-
ro, donde también estaba enterrado Don Miguel Ben-
daña. Aquel señor de Brandeso era el abuelo de Con-
cha. Hallábase moribundo cuando mi madre me llevó
por primera vez al Palacio. Don Miguel Bendaña había
sido un caballero déspota y hospitalario, fiel a la tradi-
ción hidalga y campesina de todo su linaje. Enhiesto
como un lanzón, pasó por el mundo sin sentarse en el
festín de los plebeyos. ¡Hermosa y noble locura! A los
ochenta años, cuando murió, aún tenía el alma sober-
bia, gallarda y bien templada, como los gavilanes de
una espada antigua. Estuvo cinco días agonizando, sin
querer confesarse. Mi madre aseguraba que no había
visto nada semejante. Aquel hidalgo era hereje. Una
noche, poco después de su muerte, oí contar en voz
baja que Don Miguel Bendaña había matado a un cria-
do suyo. ¡Bien hacía Concha rezándole por el alma!

La tarde agonizaba y las oraciones resonaban en la
silenciosa oscuridad de la capilla, hondas, tristes y au-
gustas, como un eco de la Pasión. Yo me adormecía en
la tribuna. Las niñas fueron a sentarse en las gradas del
altar: Sus vestidos eran albos como el lino de los paños
litúrgicos. Yo sólo distinguí una sombra que rezaba
bajo la lámpara del presbiterio: Era Concha. Sostenía
entre sus manos un libro abierto y leía con la cabeza
inclinada. De tarde en tarde el viento mecía la cortina
de un alto ventanal: Yo entonces veía en el cielo ya
oscuro, la faz de la luna pálida y sobrenatural, como
una diosa que tiene su altar en los bosques y en los
lagos... Concha cerró el libro dando un suspiro, y de
nuevo llamó a las niñas. Vi pasar sus sombras blancas a
través del presbiterio y columbré que se arrodillaban a
los lados de su madre. La luz de la lámpara temblaba
con un débil resplandor sobre las manos de Concha,

que volvían a sostener abierto el libro. En el silencio su voz leía piadosa y lenta. Las niñas escuchaban, y adiviné sus cabelleras sueltas sobre la albura del ropaje. Concha leía.

★   ★   ★

Era medianoche. Yo me hallaba escribiendo cuando Concha, envuelta en su ropón monacal, y sin ruido, entró en el salón que me servía de alcoba.

—¿A quién escribes?

—Al secretario de Doña Margarita.

—¿Y qué le dices?

—Le doy cuenta de la ofrenda que hice al Apóstol en nombre de la Reina.

Hubo un momento de silencio. Concha, que permanecía en pie, apoyadas las manos en mis hombros, se inclinó, rozándome la frente con sus cabellos:

—¿Escribes al secretario, o escribes a la Reina?

Me volví con fría lentitud:

—Escribo al secretario. ¿También tienes celos de la Señora?

Protestó vivamente:

—¡No! ¡No!

La senté en mis rodillas, y le dije, acariciándola:

—Doña Margarita no es como la otra...

—A la otra también la calumnian mucho. Mi madre, que fue dama de honor, lo decía siempre.

Viéndome sonreír, la pobre Concha inclinó los ojos con adorable rubor:

—Los hombres creéis todo lo malo que se dice de las mujeres... ¡Además, una reina tiene tantos enemigos!

Y como la sonrisa aún no había desaparecido de mis labios, exclamó retorciéndome los negros mostachos con sus dedos pálidos:

—¡Boca perversa!

Se puso en pie con ánimo de irse. Yo la retuve por una mano:

—Quédate, Concha.

—¡Ya sabes que no puede ser, Xavier!

Yo repetí:

—Quédate.

—¡No! ¡No!... Mañana quiero confesarme... ¡Temo tanto ofender a Dios!

Entonces, levantándome con helada y desdeñosa cortesía, le dije:

—¿De manera que ya tengo un rival?

Concha me miró con ojos suplicantes:

—¡No me hagas sufrir, Xavier!

—No te haré sufrir... Mañana mismo saldré del Palacio.

Ella exclamó llorosa y colérica:

—¡No saldrás!

Y casi se arrancó la túnica blanca y monacal con que solía visitarme en tales horas. Quedó desnuda. Temblaba, y le tendí los brazos:

—¡Pobre amor mío!

A través de las lágrimas, me miró demudada y pálida:

—¡Qué cruel eres!... Ya no podré confesarme mañana.

La besé, y le dije por consolarla:

—Nos confesaremos los dos el día que yo me vaya.

Vi pasar una sonrisa por sus ojos:

—Si esperas conquistar tu libertad con esa promesa, no lo consigues.

—¿Por qué?

—Porque eres mi prisionero para toda la vida.

Y se reía, rodeándome el cuello con los brazos. El nudo de sus cabellos se deshizo, y levantando entre las manos albas la onda negra, perfumada y sombría, me azotó con ella. Suspiré parpadeando:

—¡Es el azote de Dios!

—¡Calla, hereje!

—¿Te acuerdas cómo en otro tiempo me quedaba exánime?

—Me acuerdo de todas tus locuras.

—¡Azótame, Concha! ¡Azótame como a un divino Nazareno!... ¡Azótame hasta morir!...

—¡Calla!... ¡Calla!...

Y con los ojos extraviados y temblándole las manos empezó a recogerse la negra y olorosa trenza:

—Me das miedo cuando dices esas impiedades... Sí, miedo, porque no eres tú quien habla: Es Satanás... Hasta tu voz parece otra... ¡Es Satanás!...

Cerró los ojos estremecida y mis brazos la abrigaron amantes. Me pareció que en sus labios vagaba un rezo y murmuré riéndome, al mismo tiempo que sellaba en ellos con los míos:

—¡Amén!... ¡Amén!... ¡Amén!...

Quedamos en silencio. Después su boca gimió bajo mi boca.

—¡Yo muero!

Su cuerpo aprisionado en mis brazos tembló como sacudido por mortal aleteo. Su cabeza lívida rodó sobre la almohada con desmayo. Sus párpados se entreabrieron tardos, y bajo mis ojos vi aparecer sus ojos angustiados y sin luz:

—¡Concha!... ¡Concha!...

Como si huyese el beso de mi boca, su boca pálida y fría se torció con una mueca cruel:

—¡Concha!... ¡Concha!...

Me incorporé sobre la almohada, y helado y prudente solté sus manos aún enlazadas en torno de mi cuello. Parecían de cera. Permanecí indeciso, sin osar moverme:

—¡Concha!... ¡Concha!...

A lo lejos aullaban canes. Sin ruido me deslicé hasta el suelo. Cogí la luz y contemplé aquel rostro ya deshecho y mi mano trémula tocó aquella frente. El frío y el reposo de la muerte me aterraron. No, ya no podía responderme. Pensé huir, y cauteloso abrí una ventana. Miré en la oscuridad con el cabello erizado, mientras en el fondo de la alcoba flameaban los cortinajes de mi lecho y oscilaba la llama de las bujías en el candelabro de plata. Los perros seguían aullando muy distantes, y el viento se quejaba en el laberinto como un alma en pena, y las nubes pasaban sobre la luna, y las estrellas se encendían y se apagaban como nuestras vidas.

★   ★   ★

Dejé abierta la ventana, y andando sin ruido, como si temiese que mis pisadas despertasen pálidos espectros, me acerqué a la puerta que momentos antes habían cerrado trémulas de pasión aquellas manos ahora yertas. Receloso tendí la vista por el negro corredor y me aventuré en las tinieblas. Todo parecía dormido en el Palacio. Anduve a tientas palpando el muro con las manos. Era tan leve el rumor de mis pisadas que casi no se oía, pero mi mente fingía medrosas resonancias. Allá lejos, en el fondo de la antesala, temblaba con agonizante resplandor la lámpara que día y noche alumbraba ante la imagen de Jesús Nazareno, y la santa faz, desmelenada y lívida, me infundió miedo, más miedo que la faz mortal de Concha. Llegué temblando hasta el umbral de su alcoba y me detuve allí, mirando en el testero del corredor una raya de luz, que marcaba sobre la negra oscuridad del suelo la puerta de la alcoba donde dormía mi prima Isabel. Temí verla aparecer despavorida, sobresaltada por el rumor de mis pasos, y temí que sus gritos pusiesen en alarma todo el Palacio. Entonces resolví entrar adonde ella estaba y contárselo todo. Llegué sin ruido, y desde el umbral, apagando la voz, llamé:

—¡Isabel!... ¡Isabel!...

Me había detenido y esperé. Nada turbó el silencio. Di algunos pasos y llamé nuevamente:

—¡Isabel!... ¡Isabel!...

Tampoco respondió. Mi voz desvanecíase por la vasta estancia como amedrentada de sonar. Isabel dormía. Al escaso reflejo de la luz que parpadeaba en un vaso de cristal, mis ojos distinguieron hacia el fondo nebuloso de la estancia un lecho de madera. En medio del silencio, levantábase y decrecía con ritmo acompasado y lento la respiración de mi prima Isabel. Bajo la colcha de damasco, aparecía el cuerpo en una indecisión suave, y su cabellera deshecha era sobre las almohadas blancas un velo de sombra. Volví a llamar:

—¡Isabel!... ¡Isabel!...

Había llegado hasta su cabecera y mis manos se posaron al azar sobre los hombros tibios y desnudos de mi prima. Sentí un estremecimiento. Con la voz embargada grité:

—¡Isabel!... ¡Isabel!...

Isabel se incorporó con sobresalto:

—¡No grites, que puede oír Concha!...

Mis ojos se llenaron de lágrimas, y murmuré inclinándome:

—¡La pobre Concha ya no puede oírnos!

Un rizo de mi prima Isabel me rozaba los labios, suave y tentador. Creo que lo besé. Yo soy un santo que ama siempre que está triste. La pobre Concha me lo habrá perdonado allá en el Cielo. Ella, aquí en la tierra, ya sabía mi flaqueza. Isabel murmuró sofocada:

—¡Si sospecho esto echo el cerrojo!

—¿Adónde?

—¡A la puerta, bandolero! ¡A la puerta!

No quise contrariar las sospechas de mi prima Isabel. ¡Hubiera sido tan doloroso y tan poco galante desmentirla! Era Isabel muy piadosa, y el saber que me había calumniado la hubiera hecho sufrir inmensamente. ¡Ay!... ¡Todos los Santos Patriarcas, todos los Santos Padres, todos los Santos Monjes pudieron triunfar del pecado más fácilmente que yo! Aquellas hermosas mujeres que iban a tentarles no eran sus primas. ¡El destino tiene burlas crueles! Cuando a mí me sonríe, lo hace siempre como entonces, con la mueca macabra de esos enanos patizambos que a la luz de la luna hacen cabriolas sobre las chimeneas de los viejos castillos... Isabel murmuró, sofocada por los besos:

—¡Temo que se aparezca Concha!

Al nombre de la pobre muerta, un estremecimiento de espanto recorrió mi cuerpo y apenas pude sofocar un sollozo, pero Isabel debió pensar que eran muestras de amor. ¡Ella no supo jamás por qué yo había ido allí!

*   *   *

Cuando volví a ver con mis ojos mortales la faz amarilla y desencajada de Concha, cuando volví a tocar con mis manos febriles sus manos yertas, el terror que sentí fue tanto, que comencé a rezar, y de nuevo me acudió la tentación de huir por aquella ventana abierta sobre el jardín misterioso y oscuro. El soplo ululante de la noche hacía flamear los cortinajes y estremecía mis cabellos. En el cielo lívido empezaban a palidecer las estrellas, y en el candelabro de plata el viento había ido apagando las luces, y quedaba una sola. Los viejos cipreses, que se erguían al pie de la ventana, inclinaban lentamente sus cimas mustias, y la luna pasaba entre ellos fugitiva y blanca como alma en pena. El canto lejano de un gallo se levantó en medio del silencio anunciando el amanecer. Yo me estremecí, y miré con horror el cuerpo inanimado de Concha tendido en mi lecho. Después, súbitamente recobrado, encendí todas las luces del candelabro y le coloqué en la puerta para que me alumbrase el corredor. Volví, y mis brazos estrecharon con pavura el pálido fantasma que había dormido en ellos tantas veces. Salí con aquella fúnebre carga. En la puerta, una mano, que colgaba inerte, se abrasó en las luces y derribó el candelabro. Caídas en el suelo las bujías siguieron alumbrando con llama agonizante y triste. Un instante permanecí inmóvil, con el oído atento. Sólo se oía el borboteo del agua en la fuente del laberinto. Seguí adelante. Allá, en el fondo de la antesala, brillaba la lámpara del Nazareno y tuve miedo de cruzar ante la imagen desmelenada y lívida. ¡Tuve miedo de aquella mirada muerta! Volví atrás.

Para llegar hasta la alcoba de Concha era forzoso dar vuelta a todo el Palacio si no quería pasar por la antesala. No vacilé. Uno tras otro recorrí grandes salones y corredores tenebrosos. A veces, el claro de la luna llegaba hasta el fondo desierto de las estancias. Yo iba

pasando como una sombra ante aquella larga sucesión
de ventanas que solamente tenían cerradas las carcomi-
das vidrieras, las vidrieras negruzcas, con emplomados
vidrios, llorosos y tristes. Al cruzar por delante de los
espejos cerraba los ojos para no verme. Un sudor frío
empañaba mi frente. A veces, la oscuridad de los salo-
nes era tan densa que me extraviaba en ellos y tenía
que caminar a la ventura, angustiado, yerto, sostenien-
do el cuerpo de Concha en un solo brazo y con el otro
extendido para no tropezar. En una puerta, su trágica y
ondulante cabellera quedó enredada. Palpé en la oscu-
ridad para desprenderla. No pude. Enredábase más a
cada instante. Mi mano asustada y torpe temblaba so-
bre ella, y la puerta se abría y se cerraba, rechinando
largamente. Con espanto vi que rayaba el día. Me aco-
metió un vértigo y tiré... El cuerpo de Concha parecía
querer escaparse de mis brazos. Le oprimí con desespe-
rada angustia. Bajo aquella frente atirantada y sombría
comenzaron a entreabrirse los párpados de cera. Yo ce-
rré los ojos, y con el cuerpo de Concha aferrado en los
brazos hui. Tuve que tirar brutalmente hasta que se
rompieron los queridos y olorosos cabellos...

Llegué hasta su alcoba que estaba abierta. Allí la os-
curidad era misteriosa, perfumada y tibia, como si
guardase el secreto galante de nuestras citas. ¡Qué trá-
gico secreto debía guardar entonces! Cauteloso y pru-
dente dejé el cuerpo de Concha tendido en su lecho y
me alejé sin ruido. En la puerta quedé irresoluto y sus-
pirante. Dudaba si volver atrás para poner en aquellos la-
bios helados el beso postrero: Resistí la tentación. Fue
como el escrúpulo de un místico. Temí que hubiese algo
de sacrílego en aquella melancolía que entonces me em-
bargaba. La tibia fragancia de su alcoba encendía en
mí, como una tortura, la voluptuosa memoria de los
sentidos. Ansié gustar las dulzuras de un ensueño cas-
to y no pude. También a los místicos las cosas más san-
tas les sugestionaban, a veces, los más extraños diabo-
lismos. Todavía hoy el recuerdo de la muerta es para

mí de una tristeza depravada y sutil: Me araña el cora-
zón como un gato tísico de ojos lucientes. El corazón
sangra y se retuerce, y dentro de mí ríe el Diablo que
sabe convertir todos los dolores en placer. Mis recuer-
dos, glorias del alma perdidas, son como una música
lívida y ardiente, triste y cruel, a cuyo extraño son dan-
za el fantasma lloroso de mis amores. ¡Pobre y blanco
fantasma, los gusanos le han comido los ojos, y las lá-
grimas ruedan de las cuencas! Danza en medio del co-
rro juvenil de los recuerdos, no posa en el suelo, flota
en una onda de perfume. ¡Aquella esencia que Concha
vertía en sus cabellos y que la sobrevive! ¡Pobre Con-
cha! No podía dejar de su paso por el mundo más que
una estela de aromas. ¿Pero acaso la más blanca y casta
de las amantes ha sido nunca otra cosa que un pomo de
divino esmalte, lleno de afroditas y nupciales esencias?

✶ ✶ ✶

María Isabel y María Fernanda anunciáronse prime-
ro llamando en la puerta con sus manos infantiles. Des-
pués alzaron sus voces frescas y cristalinas, que tenían
el encanto de las fontanas cuando hablan con las yerbas
y con los pájaros:

—¿Podemos pasar, Xavier?

—Adelante, hijas mías.

Era ya muy entrada la mañana, y llegaban en nom-
bre de Isabel a preguntarme cómo había pasado la no-
che. ¡Gentil pregunta, que levantó en mi alma un re-
mordimiento! Las niñas me rodearon en el hueco del
balcón que daba sobre el jardín. Las ramas verdes y
foscas de un abeto rozaban los cristales llorosos y tris-
tes. Bajo el viento de la sierra, el abeto sentía estreme-
cimientos de frío, y sus ramas verdes rozaban los crista-
les como un llamamiento del jardín viejo y umbrío que
suspiraba por los juegos de las niñas. Casi al ras de la
tierra, en el fondo del laberinto, revoloteaba un bando
de palomas, y del cielo azul y frío descendía avizorado
un milano de luengas alas negras:

—¡Mátalo, Xavier!... ¡Mátalo!...

Fui por la escopeta, que dormía cubierta de polvo en un ángulo de la estancia, y volví al balcón. Las niñas palmotearon:

—¡Mátalo! ¡Mátalo!

En aquel momento el milano caía sobre el bando de palomas que volaba azorado. Echéme la escopeta a la cara y, cuando se abrió un claro, tiré. Algunos perros ladraron en los agros cercanos. Las palomas arremolináronse entre el humo de la pólvora. El milano caía bolinando, y las niñas bajaron presurosas y le trajeron cogido por las alas. Entre el plumaje del pecho brotaba viva la sangre... Con el milano en triunfo se alejaron. Yo las llamé sintiendo nacer una nueva angustia:

—¿Adónde vais?

Ellas desde la puerta se volvieron sonrientes y felices:

—¡Verás qué susto le damos a mamá cuando se despierte!...

—¡No! ¡No!

—¡Un susto de risa!

No osé detenerlas, y quedé solo con el alma cubierta de tristeza. ¡Qué amarga espera! ¡Y qué mortal instante aquel de la mañana alegre, vestida de luz, cuando en el fondo del Palacio se levantaron gemidos inocentes, ayes desgarrados y lloros violentos!... Yo sentía una angustia desesperada y sorda enfrente de aquel mudo y frío fantasma de la muerte que segaba los sueños en los jardines de mi alma. ¡Los hermosos sueños que encanta el amor! Yo sentía una extraña tristeza como si el crepúsculo cayese sobre mi vida y mi vida, semejante a un triste día de Invierno, se acabase para volver a empezar con un amanecer sin sol. ¡La pobre Concha había muerto! ¡Había muerto aquella flor de ensueño a quien todas mis palabras le parecían bellas! ¡Aquella flor de ensueño a quien todos mis gestos le parecían soberanos!... ¿Volvería a encontrar otra pálida princesa, de tristes ojos encantados, que me admirase siempre magnífico? Ante esta duda lloré. ¡Lloré como un Dios antiguo al extinguirse su culto!

SONATA DE INVIERNO

MEMORIAS DEL MARQUÉS DE BRADOMÍN

Como soy muy viejo, he visto morir a todas las mujeres por quienes en otro tiempo suspiré de amor: De una cerré los ojos, de otra tuve una triste carta de despedida, y las demás murieron siendo abuelas, cuando ya me tenían en olvido. Hoy, después de haber despertado amores muy grandes, vivo en la más triste y más adusta soledad del alma, y mis ojos se llenan de lágrimas cuando peino la nieve de mis cabellos. ¡Ay, suspiro recordando que otras veces los halagaron manos principescas! Fue mi paso por la vida como potente florecimiento de todas las pasiones: Uno a uno, mis días se caldeaban en la gran hoguera del amor: Las almas más blancas me dieron entonces su ternura y lloraron mis crueldades y mis desvíos, mientras los dedos pálidos y ardientes deshojaban las margaritas que guardan el secreto de los corazones. Por guardar eternamente un secreto, que yo temblaba de adivinar, buscó la muerte aquella niña a quien lloraré todos los días de mi vejez. ¡Ya habían blanqueado mis cabellos cuando inspiré amor tan funesto!

Yo acababa de llegar a Estella, donde el Rey tenía su Corte. Hallábame cansado de mi larga peregrinación por el mundo. Comenzaba a sentir algo hasta entonces

desconocido en mi vida alegre y aventurera, una vida
llena de riesgos y de azares, como la de aquellos segun-
dones hidalgos que se enganchaban en los tercios de
Italia por buscar lances de amor, de espada y de fortu-
na. Yo sentía un acabamiento de todas las ilusiones, un
profundo desengaño de todas las cosas. Era el primer
frío de la vejez, más triste que el de la muerte. ¡Llega-
ba cuando aún sostenía sobre mis hombros la capa de
Almaviva, y llevaba en la cabeza el yelmo de Mambri-
no! Había sonado para mí la hora en que se apagan los
ardores de la sangre, y en que las pasiones del amor,
del orgullo y de la cólera, las pasiones nobles y sagra-
das que animaron a los dioses antiguos, se hacen escla-
vas de la razón. Yo estaba en ese declinar de la vida,
edad propicia para todas las ambiciones y más fuerte
que la juventud misma, cuando se ha renunciado al
amor de las mujeres. ¡Ay, por qué no supe hacerlo!

                          * * *

Llegué a la Corte de Estella, huyendo, disfrazado
con los hábitos que ahorcara en la cocina de una
granja, un monje contemplativo, para echarse al campo
por Don Carlos VII. Las campanas de San Juan toca-
ban anunciando la misa del Rey, y quise oírla todavía
con el polvo del camino en acción de gracias por haber
salvado la vida. Entré en la iglesia cuando ya el sacer-
dote estaba en el altar. La luz vacilante de una lámpara
caía sobre las gradas del presbiterio donde se agrupaba
el cortejo. Entre aquellos bultos oscuros, sin contorno
ni faz, mis ojos sólo pudieron distinguir la figura prócer
del Señor, que se destacaba en medio de su séquito,
admirable de gallardía y de nobleza, como un rey de
los antiguos tiempos. La arrogancia y brío de su perso-
na, parecían reclamar una rica armadura cincelada por
milanés orfebre, y un palafrén guerrero paramentado
de malla. Su vivo y aguileño mirar hubiera fulgurado
magnífico bajo la visera del casco adornado por cresta-
da corona y largos lambrequines. Don Carlos de Bor-
bón y de Este es el único príncipe soberano que podría

arrastrar dignamente el manto de armiño, empuñar el cetro de oro y ceñir la corona recamada de pedrería, con que se representa a los reyes en los viejos códices.

Terminada la misa, un fraile subió al púlpito, y predicó la guerra santa en su lengua vascongada, ante los tercios vizcaínos que, acabados de llegar, daban por primera vez escolta al Rey. Yo sentíame conmovido: Aquellas palabras ásperas, firmes, llenas de aristas como las armas de la edad de piedra, me causaban impresión indefinible: Tenían una sonoridad antigua: Eran primitivas y augustas, como los surcos del arado en la tierra cuando cae en ellos la simiente del trigo y del maíz. Sin comprenderlas, yo las sentía leales, veraces, adustas, severas. Don Carlos las escuchaba en pie, rodeado de su séquito, vuelto el rostro hacia el fraile predicador. Doña Margarita y sus damas permanecían arrodilladas. Entonces pude reconocer algunos rostros. Recuerdo que aquella mañana formaban el cortejo real los Príncipes de Caserta, el Mariscal Valdespina, la Condesa María Antonieta Volfani, dama de Doña Margarita, el Marqués de Lantana, título de Nápoles, el Barón de Valatié, legitimista francés, el Brigadier Adelantado, y mi tío Don Juan Manuel Montenegro.

Yo, temeroso de ser reconocido, permanecí arrodillado a la sombra de un pilar, hasta que, terminada la plática del fraile, los Reyes salieron de la iglesia. Al lado de Doña Margarita caminaba una dama de aventajado talle, cubierta con negro velo que casi le arrastraba: Pasó cercana, y sin poder verla adiviné la mirada de sus ojos que me reconocían bajo mi disfraz de cartujo. Un momento quise darme cuenta de quién era aquella dama, pero el recuerdo huyó antes de precisarse: Como una ráfaga vino y se fue, semejante a esas luces que de noche se encienden y se apagan a lo largo de los caminos. Cuando la iglesia quedó desierta me dirigí a la sacristía. Dos clérigos viejos conversaban en un rincón, bajo tenue rayo de sol, y un sacristán, todavía más viejo, soplaba la brasa del incensario enfrente de una ventana alta y enrejada. Me detuve en la puerta. Los clérigos no hicieron atención, pero el sacristán, clavándome los ojos encendidos por el humo, me interrogó adusto:

—¿Viene a decir misa el reverendo?

—Vengo tan sólo en busca de mi amigo Fray Ambrosio Alarcón.

—Fray Ambrosio aún tardará.

Uno de los clérigos intervino apacible:

—Si tiene prisa por verle, con seguridad le halla paseando al abrigo de la iglesia.

En aquel momento llamaron a la puerta, y el sacristán acudió a descorrer el cerrojo. El otro clérigo, que hasta entonces había guardado silencio, murmuró:

—Paréceme que le tenemos ahí.

Abrió el sacristán y destacóse en el hueco la figura de aquel famoso fraile, que toda su vida aplicó la misa por el alma de Zumalacárregui. Era un gigante de huesos y de pergamino, encorvado, con los ojos hondos y la cabeza siempre temblona, por efecto de un tajo que había recibido en el cuello siendo soldado en la primera guerra. El sacristán, deteniéndole en la puerta, le advirtió en voz baja:

—Ahí le busca un reverendo. Debe venir de Roma.

Yo esperé. Fray Ambrosio me miró de alto a bajo sin reconocerme, pero ello no estorbó que amistoso y franco me pusiese una mano sobre el hombro:

—¿Es a Fray Ambrosio Alarcón a quien desea hablar? ¿No viene equivocado?

Yo, por toda respuesta, dejé caer la capucha. El viejo guerrillero me miró con risueña sorpresa. Después, volviéndose a los clérigos, exclamó:

—¡Este reverendo se llama en el mundo el Marqués de Bradomín!

El sacristán dejó de soplar la brasa del incensario, y los dos clérigos sentados bajo el rayo de sol, delante del brasero, se pusieron en pie sonriendo beatíficamente. Yo tuve un momento de vanidad ante aquella acogida que mostraba cuánta era mi nombradía en la Corte de Estella. Me miraban con amor, y también con una sombra de paterno enojo. Eran todos gentes de cogulla, y acaso recordaban algunas de mis aventuras mundanas.

* * *

Todos me rodearon. Fue preciso contar la historia de mi hábito monacal, y cómo había pasado la frontera. Fray Ambrosio reía jovial, mientras los clérigos me miraban por cima de los espejuelos, con un gesto indeciso en la boca desdentada. Tras ellos, bajo el rayo de sol que descendía por la angosta ventana, el sacristán escuchaba inmóvil, y cuando el exclaustrado interrumpía, reconveníale adusto:

—¡Déjele que cuente, hombre de Dios!

Pero Fray Ambrosio no quería dar por bueno que yo saliese de un monasterio adonde me hubiesen llevado los desengaños del mundo y el arrepentimiento de mis muchas culpas. Más de una vez, mientras yo hablaba, volvíérase a los clérigos murmurando:

—No le crean: Es una donosa invención de nuestro ilustre Marqués.

Tuve que afirmarlo solemnemente para que no continuase mostrando sus dudas. Desde aquel punto aparentó un profundo convencimiento, santiguándose en muestra de asombro:

—¡Bien dicen que vivir para ver! Sin tenerle por impío, jamás hubiera supuesto ese ánimo religioso en el Señor Marqués de Bradomín.

Yo murmuré gravemente:

—El arrepentimiento, no llega con anuncio de clarines como la caballería.

En aquel momento oíase el toque de botasillas, y todos rieron. Después uno de los clérigos me preguntó con amable tontería:

—¿Supongo que el arrepentimiento tampoco habrá llegado cauteloso como la serpiente?

Yo suspiré melancólico:

—Llegó mirándome al espejo, y viendo mis cabellos blancos

Los dos clérigos cambiaron una sonrisa tan cauta, que desde luego los tuve por jesuitas. Yo crucé las manos sobre el escapulario de mi hábito, en actitud penitente, y volví a suspirar:

—¡Hoy la fatalidad de mi destino me arroja de nuevo en el mar del mundo! He conseguido dominar todas las pasiones menos el orgullo. Debajo del sayal me acordaba de mi marquesado.

Fray Ambrosio alzó los brazos y la voz, su grave voz que parecía templada para las clásicas conventuales burlas:

—El César Carlos V, también se acordaba de su Imperio en el monasterio de Yuste.

Los clérigos sonreían apenas, con aquella sonrisa de catequizadores, y el sacristán, sentado bajo el rayo de sol que descendía por la angosta ventana, rezongaba:

—¡No, no le dejará que cuente!

Fray Ambrosio, luego de haber hablado, rióse abundantemente, y aún rodaba por la bóveda de la sacristía la frailuna resonancia de aquella risa jocunda, cuando entró un seminarista pálido, que tenía la boca encendida como una doncella, en contraste con su lívido perfil de aguilucho, donde la nariz corva y la pupila redonda, velada por el párpado, llegaban a tener una expresión cruel. Fray Ambrosio le recibió inclinando el aventajado talle, con extremos de burla, y su cabeza siempre temblona pareció que iba a desprenderse de los hombros:

—¡Bien venido, ignorado y excelso capitán! Nuevo Epaminondas de quien, andando los siglos, narrará las hazañas otro Cornelio Nepote. ¡Saluda al Señor Marqués de Bradomín!

El seminarista se quitó la boina negra, que juntamente con una sotana ya muy traída completaba el atavío de su gallarda persona, y poniéndose rojo me saludó. Fray Ambrosio asentándole una mano en el hombro, y sacudiéndole con rudo afecto, me dijo:

—Si este mozo consigue reunir cincuenta hombres, dará mucho que hablar. Será otro Don Ramón Cabrera. ¡Es valiente como un león!

El seminarista se hizo atrás, para libertarse de la mano que aún pesaba sobre su hombro, y clavándome los ojos de pájaro, dijo como si adivinase mi pensamiento y lo respondiese:

—Algunos creen que para ser un gran capitán no se necesita ser valiente, y acaso tengan razón. Quién sabe si con menos temeridad no hubiera sido más fecundo el genio militar de Don Ramón Cabrera.

Fray Ambrosio le miró desdeñosamente:

—Epaminondas, hijo mío, con menos temeridad hubiera cantado misa, como puede sucederte a ti.

El seminarista tuvo una sonrisa admirable:

—A mí no me sucederá, Fray Ambrosio.

Los dos clérigos, sentados delante del brasero, callaban cautamente. El uno extendía las manos temblonas sobre el rescoldo, y el otro hojeaba su breviario. El sacristán entornaba los párpados dispuesto a seguir el ejemplo del gato que dormitaba en su sotana. Fray Ambrosio bajó instintivamente la voz:

—Tú hablas ciertas cosas porque eres un rapaz, y crees en las argucias con que disculpan su miedo algunos generales que debían ser obispos... Yo he visto muchas cosas. Era profeso en un monasterio de Galicia cuando estalló la primera guerra, y colgué los hábitos, y combatí siete años en los Ejércitos del Rey... Y por mis hábitos te digo que para ser un gran capitán, hay primero que ser un gran soldado. Ríete de los que dicen que era cobarde Napoleón.

Los ojos del seminarista brillaron con el brillo del sol en el pavón negro de dos balas:

—Fray Ambrosio, si yo tuviese cien hombres los mandaría como soldado, pero si tuviese mil, sólo mil, ya los mandaría como capitán. Con ellos aseguraría el triunfo de la Causa. En esta guerra no hacen falta grandes ejércitos, con mil hombres yo intentaría una expedición por todo el reino, como la realizó hace treinta y cinco años Don Miguel Gómez, el más grande general de la pasada guerra.

Fray Ambrosio le interrumpió con autoritaria y desdeñosa burla:

—Ilustre e imberbe guerrero, ¿tú oíste hablar alguna vez de un tal Don Tomás Zumalacárregui? Ése ha sido el más grande general de la Causa. Si tuviésemos hoy un hombre parecido, era seguro el triunfo.

El seminarista guardó silencio, pero los dos clérigos mostráronse casi escandalizados: El uno dijo:

—¡Del triunfo no podemos dudar!

Y el otro:

—¡La justicia de la Causa es el mejor general!

Yo añadí, sintiendo bajo mi sayal penitente aquel fuego que animó a San Bernardo cuando predicaba la Cruzada:

—¡El mejor general es la ayuda de Dios Nuestro Señor!

Hubo un murmullo de aprobación, ardiente como el de un rezo. El seminarista sonrióse y continuó callado. A todo esto las campanas dejaron oír su grave son, y el viejo sacristán se levantó sacudiéndose la sotana donde el gato dormitaba. Entraron algunos clérigos que venían para cantar un entierro. El seminarista vistióse el roquete, y el sacristán vino a entregarle el incensario: El humo aromático llenaba el vasto recinto. Oíase el grave murmullo de las cascadas voces eclesiásticas que barboteaban quedo, mientras eran vestidas las albas de lino, los roquetes rizados por las monjas, y las áureas capas pluviales que guardan en sus oros el perfume de la mirra quemada hace cien años. El seminarista entró en la iglesia haciendo sonar las cadenas del incensario. Los clérigos, ya revestidos, salieron detrás. Yo quedé solo con el exclaustrado, que abriendo los largos brazos me estrechó contra su pecho, al mismo tiempo que murmuraba conmovido:

—¡El Marqués de Bradomín aún se acuerda de cuando le enseñaba latín en el Monasterio de Sobrado!

Y después, tras el introito de una tos, volviendo a cobrar su sonrisa de viejo teólogo, marrulleó en voz baja, como si estuviese en el confesonario:

—¿Me perdonaría el ilustre prócer, si le dijese que no he creído el cuento con que nos regaló hace un momento?

—¿Qué cuento?

—El de la conversión. ¿Puede saberse la verdad?

—Donde nadie nos oiga, Fray Ambrosio.

Asintió con un grave gesto. Yo callé compadecido de aquel pobre exclaustrado que prefería la Historia a la Leyenda, y se mostraba curioso de un relato menos interesante, menos ejemplar y menos bello que mi invención. ¡Oh, alada y riente mentira, cuándo será que los hombres se convenzan de la necesidad de tu triunfo! ¿Cuándo aprenderán que las almas donde sólo existe la luz de la verdad, son almas tristes, torturadas, adustas, que hablan en el silencio con la muerte, y tienden sobre la vida una capa de ceniza? ¡Salve, risueña mentira, pájaro de luz que cantas como la esperanza! Y vosotras resecas Tebaidas, históricas ciudades llenas de soledad y de silencio que perecéis muertas bajo la voz de las campanas, no la dejéis huir, como tantas cosas, por la rota muralla! Ella es el galanteo en las rejas, y el lustre en los carcomidos escudones, y los espejos en el río que pasa turbio bajo la arcada romana de los puentes: Ella, como la confesión, consuela a las almas doloridas, las hace florecer, las vuelve la Gracia. ¡Cuidad que es también un don del Cielo!... ¡Viejo pueblo del sol y de los toros, así conserves por los siglos de los siglos, tu genio mentiroso, hiperbólico, jacaresco, y por los siglos te aduermas al son de la guitarra, consolado de tus grandes dolores, perdidas para siempre la sopa de los conventos y las Indias! ¡Amén!

★   ★   ★

Fray Ambrosio tomó como empeño de honra el hospedarme, y fue preciso ceder al agasajo. Salió acompañándome y juntos atravesamos las calles de la ciudad leal, arca santa de la Causa. Había nevado, y al abrigo de las casas sombrías quedaba una estela inmaculada. De los negruzcos aleros goteaba la lluvia, y en las angostas ventanas que se abrían debajo asomaba, de raro en raro, alguna vieja: Tocada con su mantilla, miraba a la calle por ver si el tiempo clareaba y salir a misa. Cruzamos ante un caserón flanqueado por altas tapias que dejaban asomar apenas los cipreses del huerto. Tenía gran escudo, rejas mohosas y claveada puerta que, por estar entornada, descubría en una media luz el zaguán con escaños lustrosos y gran farol de hierro. Fray Ambrosio me dijo:

—Aquí vive la Duquesa de Uclés.

Yo sonreí, adivinando la intención ladina del fraile:

—¿Se conserva siempre bella?

—Dicen que sí... Por mis ojos nada sé, pues va siempre cubierta con un velo.

No pude menos de suspirar.

—¡En otro tiempo fue gran amiga mía!

El fraile tuvo una tos socarrona:

—Ya estoy enterado.

—¿Secreto de confesión?

—Secreto a voces. Un pobre exclaustrado como yo, no tiene tan ilustres hijas espirituales.

Seguimos andando en silencio. Yo, sin querer, recordaba tiempos mejores, aquellos tiempos cuando fui galán y poeta. Los días lejanos florecían en mi memoria con el encanto de un cuento casi olvidado que trae aroma de rosas marchitas y una vieja armonía de versos: ¡Ay, eran las rosas y los versos de aquel buen tiempo, cuando mi bella aún era bailarina! Jaculatorias orientales donde la celebraba, y le decía que era su cuerpo airoso como las palmeras del desierto, y que todas las gracias se agrupaban en torno de su falda cantando y riendo al son de cascabeles de oro. La verdad es que no había ponderación para su belleza: Carmen se llamaba y era gentil como ese nombre lleno de gracia andaluza, que en latín dice poesía y en arábigo vergel. Al recordarla, recordé también los años que llevaba sin verla, y pensé que en otro tiempo mi hábito monástico hubiera despertado sus risas de cristal. Casi inconscientemente, le dije a Fray Ambrosio:

—¿La Duquesa vive siempre en Estella?

—Es dama de la Reina Doña Margarita... Pero jamás sale de su palacio si no es para oír misa.

—Tentaciones me vienen de volverme y entrar a verla.

—Tiempo hay para ello.

Habíamos llegado a Santa María y tuvimos que guarecernos en el cancel de la iglesia para dejar la calle a unos soldados de a caballo que subían en tropel: Eran lanceros castellanos que volvían de una guardia fuera de la ciudad: Entre el cálido coro de los clarines se levantaban encrespados los relinchos, y en el viejo empedrado de la calle las herraduras resonaban valientes y marciales, con ese noble son que tienen en el romancero las armas de los paladines. Desfilaron aquellos jinetes y continuamos nuestro camino. Fray Ambrosio me dijo:

—Estamos llegando.

Y señaló hacia el fondo de la calle una casa pequeña con carcomido balcón de madera sustentado por columnas. Un galgo viejo que dormitaba en el umbral gruñó al vernos llegar y permaneció echado. El zaguán era oscuro, lleno de ese olor que esparce la yerba en el pesebre y el vaho del ganado. Subimos a tientas la escalera que temblaba bajo nuestros pasos: Ya en lo alto, el exclaustrado llamó tirando de la cadena que colgaba a un lado de la puerta, y allá dentro bailoteó una esquila clueca. Se oyeron pasos y la voz del ama que refunfuña:

—¡Vaya una manera de llamar!... ¿Qué se ofrece?

El fraile responde con breve imperio:

—¡Abre!

—¡Ave María!... ¡Cuánta priesa!

Y siguió oyéndose la voz refunfuñona del ama, mientras descorrió el cerrojo. El fraile a su vez murmuraba impaciente:

—Es inaguantable esta mujer.

Franqueada la puerta, el ama encrespóse más:

—¡Cómo había de venir sin compañía! ¡Tiene tanto de sobra, que necesita traer todos los días quien le ayude a comérselo!

Fray Ambrosio, pálido de cólera, levantó los brazos escuetos, gigantescos, amenazadores: Sobre su cabeza siempre temblona, bailoteaban las manos de rancio pergamino:

—¡Calla, lengua de escorpión!... Calla y aprende a tener respeto. ¿Sabes a quién has ofendido con tus infames palabras? ¿Lo sabes? ¿Sabes quién está delante de ti?... Pide perdón al Señor Marqués de Bradomín.

¡Oh insolencia de las barraganas! Al oír mi nombre aquella mujeruca, no mostró ni arrepentimiento ni zozobra: Me clavó los ojos negros y brujos, como los tienen algunas viejas pintadas por Goya, y un poco incrédula se limitó a balbucir con el borde de los labios:

—Si es el caballero que dice, por muchos años lo sea. ¡Amén!

Se apartó para dejarnos paso. Todavía la oímos murmurar:

—¡Vaya un barro que traen en los pies! ¡Divino Jesús, cómo me han puesto los suelos!

Aquellos suelos limpios, encerados, lucientes, puros espejos donde ella se miraba, sus amores de vieja casera, acababan de ser bárbaramente profanados por nosotros. Me volví consternado para alcanzar todo el horror de mi sacrilegio, y la mirada de odio que hallé en los ojos de la mujeruca fue tal, que sentí miedo. Todavía siguió rezongando:

—Si estuviesen matando petrolistas... Da dolor cómo me han puesto los suelos. ¡Qué entrañas!

Fray Ambrosio gritó desde la sala:

—¡Silencio!... A servirnos pronto el chocolate.

Y su voz resonó como un bélico estampido en el silencio de la casa. Era la voz con que en otro tiempo mandaba a los hombres de su partida y la única que les hacía temblar, pero aquella vieja tenía sin duda el ánimo isabelino, porque volviendo apenas el apergaminado gesto, murmuró más avinagrada que nunca:

—¡Pronto!... Pronto, será cuando se haga. ¡Ay, Jesús, dame paciencia!

Fray Ambrosio tosía con un eco cavernoso, y allá en el fondo de la casa continuaba oyéndose el marrullar confuso de la barragana, y en los momentos de silencio el latido de un reloj, como si fuese la pulsación de aquella casa de fraile donde reinaba una vieja rodeada de gatos: ¡Tac-tac! ¡Tac-tac! Era un reloj de pared con el péndulo y las pesas al aire. La tos del fraile, el rosmar de la vieja, el soliloquio del reloj, me parecía que guardaban un ritmo quimérico y grotesco, aprendido en el clavicordio de alguna bruja melómana.

* * *

Despojéme del hábito monacal y quedé en hábito de zuavo pontificio. Fray Ambrosio me contempló con infantil deleite, haciendo grandes aspavientos con sus brazos largos y descoyuntados:

—¡Cuidado que es bizarro arreo!

—¿Usted no lo conocía?

—Solamente en pintura, por un retrato del Infante Don Alfonso.

Y curioso de averiguar mis aventuras, con la tonsurada cabeza temblando sobre los hombros, murmuró:

—En fin, ¿puede saberse la historia del hábito?

Yo repuse con indiferencia:

—Un disfraz para no caer en manos del maldito cura.

—¿De Santa Cruz?

—Sí.

—Ahora tiene sus reales en Oyarzun.

—Y yo vengo de Arimendi, donde estuve enfermo de calenturas, oculto en una casería.

—¡Válete Dios! ¿Y por qué le quiere mal el cura?

—Sabe que obtuve del Rey la orden para que le fusile Lizárraga.

Fray Ambrosio enderezó su encorvado talle de gigante:

—¡Mal hecho! ¡Mal hecho! ¡Mal hecho!

Yo repuse con imperio:

—El cura es un bandido.

—En la guerra son necesarios esos bandidos. ¡Pero claro, como ésta no es guerra sino una farsa de masones!

No pude menos de sonreír.

—¿De masones?

—Sí, de masones: Dorregaray es masón.

—Pero quien quiere cazar a la fiera, quien ha jurado exterminarla, es Lizárraga.

El fraile vino hacia mí, cogiéndose con las dos manos la cabeza temblona, como si temiese verla rodar de los hombros:

—Don Antonio se cree que la guerra se hace derramando agua bendita, en vez de sangre. Todo lo arregla con comuniones, y en la guerra, si se comulga, ha de ser con balas de plomo. Don Antonio es un frailuco como yo, qué digo, mucho más frailuco que yo, aun cuando no haya hecho los votos. ¡Los viejos que anduvimos en la otra guerra y vemos ésta, sentimos vergüenza, verdadera vergüenza!... Ya me ha dado la alferecía.

Y se afirmó con más fuerza las manos sobre la cabeza, sentándose en el sillón a esperar el chocolate, porque ya sonaban en el corredor los pasos del ama y el timbre de las jícaras en el metal de las bandejas. El ama entró ya mudado el gesto, mostrando la cara plácida y sonriente de esas viejas felices con los cuidados caseros, el rosario y la calceta:

—¡Santos y buenos días nos dé Dios! El Señor Marqués no se acordará de mí. Pues le he tenido en mi

regazo. Yo soy hermana de Micaela la Galana. ¿Se
acuerda de Micaela la Galana? Una doncella que tuvo
muchos años su abuelita, mi dueña la Condesa.

Mirando a la vieja, murmuré casi conmovido:

—¡Ay, señora, si tampoco recuerdo a mi abuela!

—Una santa. ¡Quién estuviera como ella sentadita en
el Cielo, al lado de Nuestro Señor Jesucristo!

Dejó sobre el velador las dos bandejas del chocolate,
y después de hablar al oído del fraile, se retiró. El
chocolate humeaba con grato y exquisito aroma: Era el
tradicional soconusco de los conventos, aquel que en
otro tiempo enviaban como regalo a los abades los se-
ñores visorreyes de las Indias. Mi antiguo maestro de
gramática aún hacía memoria de tanta bienandanza.
¡Oh, regalada holgura, eclesiástica opulencia, jocunda
glotonería, siempre añorada, del Real e Imperial Mo-
nasterio de Sobrado! Fray Ambrosio, guardando el ri-
to, masculló primero algunos latines, y luego embocó la
jícara: Cuando le dio fin, murmuró a guisa de senten-
cia, con la elegante concisión de un clásico en el siglo
de Augusto:

—¡Sabroso! ¡No hay chocolate como el de esas ben-
ditas monjas de Santa Clara!

Suspiró satisfecho, y volvió al cuento pasado:

—¡Váleme Dios! Ha estado bien no decir la historia
del disfraz allá en la sacristía. Los clérigos son acérri-
mos partidarios de Santa Cruz.

Quedó un momento meditando. Después bostezó
largamente, y sobre la boca negra como la de un lobo,
se hizo la señal de la cruz:

—¡Váleme Dios! ¿Y qué desea de este pobre ex-
claustrado el Señor Marqués de Bradomín?

Yo murmuré con simulada indiferencia:

—Luego hablaremos de ello.

El fraile barboteó ladino:

—Tal vez no sea preciso... Pues sí señor, continúo
ejerciendo oficios de capellán en casa de la Señora
Condesa de Volfani. La Señora Condesa está buena,

aun cuando un poco triste... Precisamente ésta es la hora de verla.

Yo hice un vago gesto, y saqué de la limosnera una onza de oro:

—Dejemos los negocios mundanos, Fray Ambrosio. Esa onza para una misa por haber salido con bien...

El fraile la guardó en silencio, y fuese después de ofrecerme su cama para que descabezase un sueño, y me repusiese del camino. Era una cama con siete colchones, y un Cristo a la cabecera. Enfrente una gran cómoda panzuda, un tintero de cuerno encima de la cómoda, y en la punta del tintero un solideo.

★   ★   ★

Todo el día estuvo lloviendo. En las breves escampadas, una luz triste y cenicienta amanecía sobre los montes que rodean la ciudad santa del carlismo, donde el rumor de la lluvia en los cristales es un rumor familiar. De tiempo en tiempo, en medio de la tarde llena de tedio invernal, se alzaba el ardiente son de las cornetas, o el campaneo de unas monjas llamando a la novena. Tenía que presentarme al Rey, y salí cuando aún no había vuelto Fray Ambrosio. Un velo de niebla ondulaba en las ráfagas del aire: Dos soldados cruzaban por el centro de la plaza, con el andar abatido y los ponchos chorreando agua: Se oía la canturia monótona de los niños de una escuela. La tarde lívida daba mayor tristeza al vano de la plaza encharcada, desierta, sepulcral. Me perdí varias veces en las calles, donde sólo hallé una beata a quien preguntar el camino: Anochecido ya, llegué a la Casa del Rey.

—Pronto ahorcaste los hábitos, Bradomín.

Tales fueron las palabras con que me recibió Don Carlos. Yo respondí, procurando que sólo el Rey me oyese:

—Señor, se me enredaban al andar.

El Rey murmuró en el mismo tono:

—También a mí se me enredan... Pero yo, desgraciadamente, no puedo ahorcarlos.

Me atreví a responder:

—Vos debíais fusilarlos, Señor.

El Rey sonrióse, y me llevó al hueco de una ventana:

—Conozco que has hablado con Cabrera. Esas ideas son suyas. Cabrera, ya habrás visto, se declara enemigo del partido ultramontano y de los curas facciosos. Hace mal, porque ahora son un poderoso auxiliar. Créeme, sin ellos no sería posible la guerra.

—Señor, ya sabéis que el general tampoco es partidario de la guerra.

El Rey guardó un momento silencio:

—Ya lo sé. Cabrera imagina que hubieran dado mejor fruto los trabajos silenciosos de las Juntas. Creo que se equivoca... Por lo demás, yo tampoco soy amigo de los curas facciosos. A ti ya te dije eso mismo en otra ocasión, cuando me hablaste de que era preciso fusilar a Santa Cruz. Si durante algún tiempo me opuse a que se le formase consejo de guerra, fue para evitar que se reuniesen las tropas republicanas ocupadas en perseguirle, y se nos viniesen encima. Ya has visto como sucedió así. El Cura ahora nos cuesta la pérdida de Tolosa.

El Rey hizo otra pausa, y con la mirada recorrió la estancia, un salón oscuro, entarimado de nogal, con las paredes cubiertas de armas y de banderas, las banderas ganadas en la guerra de los siete años por aquellos viejos generales de memoria ya legendaria. Allá en un extremo conversaban en voz baja el Obispo de Urgel, Carlos Calderón y Diego Villadarias. El Rey sonrió levemente, con una sonrisa de triste indulgencia, que yo nunca había visto en sus labios:

—Ya están celosos de que hable contigo, Bradomín. Sin duda no eres persona grata al Obispo de Urgel.

—¿Por qué lo decís, Señor?

—Por las miradas que te dirige: Ve a besarle el anillo.

Ya me retiraba para obedecer aquella orden, cuando

el Rey, en alta voz de suerte que todos le oyesen, me
advirtió.

—Bradomín, no olvides que comes conmigo.

Yo me incliné profundamente:

—Gracias, Señor.

Y llegué al grupo donde estaba el Obispo. Al acer-
carme habíase hecho el silencio. Su Ilustrísima me reci-
bió con fría amabilidad:

—Bien venido, Señor Marqués.

Yo repuse con señoril condescendencia, como si fue-
se un capellán de mi casa el Obispo de la Seo de Urgel.

—¡Bien hallado, Ilustrísimo Señor!

Y con una reverencia más cortesana que piadosa,
besé la pastoral amatista. Su Ilustrísima, que tenía el
ánimo altivo de aquellos obispos feudales que llevaban
ceñidas las armas bajo el capisayo, frunció el ceño, y
quiso castigarme con una homilía:

—Señor Marqués de Bradomín, acabo de saber una
burda fábula urdida esta mañana, para mofarse de dos
pobres clérigos llenos de inocente credulidad, escarne-
ciendo al mismo tiempo el sayal penitente, no respetan-
do la santidad del lugar, pues fue en San Juan.

Yo interrumpí:

—En la sacristía, Señor Obispo.

Su Ilustrísima, que estaba ya escaso de aliento, hizo
una pausa, y respiró:

—Me habían dicho que en la iglesia... Pero aun
cuando haya sido en la sacristía, esa historia es como
una burla de la vida de ciertos santos, Señor Marqués.
Si, como supongo, el hábito no era un disfraz carnava-
lesco, en llevarlo no había profanación. ¡Pero la histo-
ria contada a los clérigos, es una burla digna del impío
Voltaire!

El prelado iba, sin duda, a discurrir sobre los hom-
bres de la Enciclopedia. Yo, viéndole en aquel paso,
temblé arrepentido:

—Reconozco mi culpa, y estoy dispuesto a cumplir la
penitencia que se digne imponerme Su Ilustrísima.

Viendo el triunfo de su elocuencia, el santo varón ya sonrió benévolo:

—La penitencia la haremos juntos.

Yo le miré sin comprender. El prelado, apoyando en mi hombro una mano blanca, llena de hoyos, se dignó esclarecer su ironía:

—Los dos comemos en la mesa del Rey, y en ella el ayuno es forzoso. Don Carlos tiene la sobriedad de un soldado.

Yo respondí:

—El Bearnés, su abuelo, soñaba con que cada uno de sus súbditos pudiese sacrificar una gallina. Don Carlos, comprendiendo que es una quimera de poeta, prefiere ayunar con todos sus vasallos.

El Obispo me interrumpió:

—Marqués, no comencemos las burlas. ¡El Rey también es sagrado!

Yo me llevé la diestra al corazón, indicando que aun cuando quisiera olvidarlo no podría, pues estaba allí su altar. Y me despedí, porque tenía que presentar mis respetos a Doña Margarita.

* * *

Al entrar en la saleta, donde la Señora y sus damas bordaban escapularios para los soldados, sentí en el alma una emoción a la vez religiosa y galante. Comprendí entonces todo el ingenuo sentimiento que hay en los libros de caballerías, y aquel culto por la belleza y las lágrimas femeniles que hacía palpitar bajo la cota el corazón de Tirante el Blanco. Me sentí, más que nunca, caballero de la Causa: Como una gracia deseé morir por aquella dama que tenía las manos como lirios, y el aroma de una leyenda en su nombre de princesa pálida, santa, lejana. Era una lealtad de otros siglos la que inspiraba Doña Margarita. Me recibió con una sonrisa de noble y melancólico encanto:

—No te ofendas si continúo bordando este escapulario, Bradomín. A ti te recibo como a un amigo.

Y dejando un momento la aguja clavada en el bordado, me alargó su mano que besé con profundo respeto. La Reina continuó:

—Me han dicho que estuviste enfermo. Te hallo un poco más pálido. Tú me parece que eres de los que no se cuidan, y eso no está bien. Ya que no por ti, hazlo por el Rey que tanto necesita servidores leales como tú. Estamos rodeados de traidores, Bradomín.

Doña Margarita calló un momento. Al pronunciar las últimas palabras, habíase empañado su voz de plata, y creí que iba a romperse en un sollozo. Acaso haya sido ilusión mía, pero me pareció que sus ojos de madona, bellos y castos, estaban arrasados de lágrimas: La Señora, en aquel momento inclinaba su cabeza sobre el escapulario que bordaba, y no puedo asegurarlo. Pasó algún tiempo. La Reina suspiró alzando la frente de una blancura lunar bajo las dos crenchas en que partía sus cabellos:

—Bradomín, es preciso que vosotros los leales salvéis al Rey.

Yo repuse conmovido:

—Señora, dispuesto estoy a dar toda mi sangre, porque pueda ceñirse la corona.

La Reina me miró con una noble emoción:

—¡Mal has entendido mis palabras! No es su corona lo que yo te pido que defiendas, sino su vida... ¡Que no se diga de los caballeros españoles, que habéis ido a lejanas tierras en busca de una princesa para vestirla de luto! Bradomín, vuelvo a decírtelo, estamos rodeados de traidores.

La Reina calló. Se oía el rumor de la lluvia en los cristales, y el toque lejano de las cornetas. Las damas que hacían corte a la Señora eran tres: Doña Juana Pacheco, Doña Manuela Ozores y María Antonieta Volfani: Yo sentía sobre mí, como amoroso imán, los ojos de la Volfani, desde que había entrado en la saleta: Aprovechando el silencio se levantó, y vino con una interrogación al lado de Doña Margarita:

—¿La Señora quiere que vaya en busca de los Príncipes?

La Reina a su vez interrogó:

—¿Ya habrán terminado sus lecciones?

—Es la hora.

—Pues entonces ve por ellos. Así los conocerá Bradomín.

Me incliné ante la Señora, y aprovechando la ocasión hice también mis saludos a María Antonieta: Ella, muy dueña de sí, respondióme con palabras insignificantes que ya no recuerdo, pero la mirada de sus ojos negros y ardientes fue tal, que hizo latir mi corazón como a los veinte años. Salió y dijo la Señora:

—Me tiene preocupada María Antonieta. Desde hace algún tiempo la encuentro triste y temo que tenga la enfermedad de sus hermanas: Las dos murieron tísicas... ¡Luego la pobre es tan poco feliz con su marido!

La Reina clavó la aguja en el acerico de damasco rojo que había en su costurero de plata, y sonriendo me mostró el escapulario:

—¡Ya está! Es un regalo que te hago, Bradomín.

Yo me acerqué para recibirlo de sus manos reales. La Señora, me lo entregó diciendo:

—¡Que aleje siempre de ti las balas enemigas!

Doña Juana Pacheco y Doña Manuela Ozores, rancias damas que acordaban la guerra de los siete años, murmuraron:

—¡Amén!

Hubo otro silencio. De pronto los ojos de la Reina se iluminaron con amorosa alegría: Era que entraban sus dos hijos mayores, conducidos por María Antonieta. Desde la puerta corrieron hacia ella, colgándosele del cuello y besándola. Doña Margarita les dijo con graciosa severidad:

—¿Quién ha sabido mejor sus lecciones?

La Infanta calló poniéndose encendida, mientras Don Jaime, más denodado, respondía:

—Las hemos sabido todos lo mismo.

—Es decir, que ninguno las ha sabido.

Y Doña Margarita los besó, para ocultar que se reía: Después les dijo, tendida hacia mí su mano delicada y alba:

—Este caballero es el Marqués de Bradomín.

La Infanta murmuró en voz baja, inclinada la cabeza sobre el hombro de su madre:

—¿El que hizo la guerra en México?

La Reina acarició los cabellos de su hija:

—¿Quién te lo ha dicho?

—¿No lo contó una vez María Antonieta?

—¡Cómo te acuerdas!

La niña, llenos de timidez y de curiosidad los ojos, se acercó a mí:

—Marqués, ¿llevabas ese uniforme en México?

Y Don Jaime, desde el lado de su madre, alzó su voz autoritaria de niño primogénito:

—¡Qué tonta eres! Nunca conoces los uniformes. Ese uniforme es de zuavo pontificio, como el del tío Alfonso.

Con familiar gentileza, el Príncipe vino también hacia mí:

—Marqués, ¿es verdad que en México los caballos resisten todo el día al galope?

—Es verdad, Alteza.

La Infanta interrogó a su vez:

—¿Y es verdad que hay unas serpientes que se llaman de cristal?

—También es verdad, Alteza.

Los niños quedaron un momento reflexionando: Su madre les habló:

—Decidle a Bradomín lo que estudiáis.

Oyendo esto, el Príncipe se irguió ante mí, con infantil alarde:

—Marqués, pregúntame por donde quieras la Historia de España.

Yo sonreí:

—¿Qué reyes hubo de vuestro nombre, Alteza?

—Uno solo: Don Jaime el Conquistador.

—¿Y de dónde era Rey?

—De España.

La Infanta murmuró poniéndose encendida:

—De la Corona de Aragón: ¿Verdad, Marqués?

—Verdad, Alteza.

El Príncipe la miró despreciador:

—¿Y eso no es España?

La Infanta buscó ánimo en mis ojos, y repuso con tímida gravedad.

—Pero eso no es toda España.

Y volvió a ponerse roja. Era una niña encantadora, con ojos llenos de vida y cabellera de luengos rizos que besaban el terciopelo de las mejillas. Animándose volvió a preguntarme sobre mis viajes:

—Marqués, ¿es verdad que también has estado en Tierra Santa?

—También estuve allí, Alteza.

—¿Y habrás visto el sepulcro de Nuestro Señor? Cuéntame cómo es.

Y se dispuso a oír, sentada en un taburete, con los codos en las rodillas y el rostro entre las manos que casi desaparecían bajo la suelta cabellera. Doña Manuela Ozores y Doña Juana Pacheco, que traían una conversación en voz baja, callaron, también dispuestas a escuchar el relato... Y en estas andanzas llega la hora de hacer penitencia, que fue ante los regios manteles según profecía de Su Ilustrísima.

* * *

Tuve el honor de asistir a la tertulia de la Señora. Durante ella, en vano fue buscar una ocasión propicia para hablar a solas con María Antonieta. Salí con el vago temor de haberla visto huir toda la noche. Al darme en rostro el frío de la calle advertí que una sombra alta, casi gigantesca, venía hacia mí. Era Fray Ambrosio:

—Bien le han tratado los soberanos. ¡Vaya, que no puede quejarse el Señor Marqués de Bradomín!

Yo murmuré con desabrido talante:

—El Rey sabe que no tiene otro servidor tan leal.

Y el fraile murmuró también desabrido, pero en tono menor:

—Algún otro tendrá...

Sentí crecer mi altivez:

—¡Ninguno!

Caminamos en silencio hasta doblar una esquina donde había un farol. Allí el exclaustrado se detuvo:

—¿Pero adónde vamos?... La dama consabida, dice que la vea esta misma noche, si puede ser.

Yo sentí latir mi corazón:

—¿Dónde?

—En su casa... Pero será preciso entrar con gran sigilo. Yo le guiaré.

Volvimos sobre nuestros pasos, recorriendo otra vez la calle encharcada y desierta. El fraile me habla en voz baja:

—La Señora Condesa también acaba de salir... Esta mañana me había mandado que la esperase. Sin duda, quería darme ese aviso para el Señor Marqués... Temería no poder hablarle en la Casa del Rey.

El fraile calló suspirando: Después se rió, con un reír extraño, ruidoso, grotesco:

—¡Válete Dios!

—¿Qué le sucede, Fray Ambrosio?

—Nada, Señor Marqués. Es la alegría de verme desempeñando estos oficios, tan dignos de un viejo guerrillero. ¡Ay!... Cómo se ríen mis diecisiete cicatrices...

—¡Las tiene usted bien contadas!

—¡Mejor recibidas las tengo!

Calló, esperando sin duda una respuesta mía, y como no la obtuviese, continuó en el mismo tono de amarga burla:

—Eso sí, no hay prebenda que iguale a ser capellán de la Señora Condesa de Volfani. ¡Lástima que no pueda cumplir mejor sus promesas!... Ella dice que no es suya la culpa, sino de la Casa Real... Allí son enemigos de los curas facciosos, y no se les debe disgustar. ¡Oh, si dependiese de mi protectora!...

No le dejé proseguir. Me detuve y le hablé con firme resolución:

—Fray Ambrosio, se acabó mi paciencia. No tolero ni una palabra más.

Agachó la cabeza:

—¡Válete Dios! ¡Está bien!

Seguimos en silencio. De largo en largo hallábase un farol, y en torno danzaban las sombras. Al cruzar por delante de las casas donde había tropa alojada, percibíase rasguco de guitarras y voces robustas y jóvenes cantando la jota. Después volvía el silencio, sólo turbado por la alerta de los centinelas y el ladrido de algún perro. Nos entramos bajo unos soportales y caminamos recatados en la sombra. Fray Ambrosio iba delante, mostrándome el camino: A su paso una puerta se abrió sigilosa: El exclaustrado volvióse llamándome con la mano, y desapareció en el zaguán. Yo le seguí y escuché su voz:

—¿Se puede encender candela?

Y otra voz, una voz de mujer, respondió en la sombra:

—Sí, señor.

La puerta había vuelto a cerrarse. Yo esperé, perdido en la oscuridad, mientras el fraile encendía un enroscado de cerilla, que ardió esparciendo olor de iglesia. La llama lívida temblaba en el ancho zaguán, y al incierto resplandor columbrábase la cabeza del fraile, también temblona. Una sombra se acercó: Era la doncella de María Antonieta: El fraile hízole entrega de la luz y me llevó a un rincón. Yo adivinaba, más que veía, el violento temblor de aquella cabeza tonsurada:

—¡Señor Marqués, voy a dejar este oficio de tercería, indigno de mí!

Y su mano de esqueleto clavó los huesos en mi hombro:

—Ahora ha llegado el momento de obtener el fruto,

Señor Marqués. Es preciso que me entregue cien on-
zas: Si no las lleva encima puede pedírselas a la Señora
Condesa. ¡Al fin y al cabo, ella me las había ofrecido!

No me dejé dominar, aun cuando fue grande la sor-
presa, y haciéndome atrás puse mano a la espada:

—Ha elegido usted el peor camino. A mí no se me
pide con amenazas ni se me asusta con gestos fieros,
Fray Ambrosio.

El exclaustrado rió, con su risa de mofa grotesca:

—No alce la voz, que pasa la ronda y podrían oírnos.

—¿Tiene usted miedo?

—Nunca lo he tenido... Pero acaso, si ahora fuese el
cortejo de una casada...

Yo, comprendiendo la intención aviesa del fraile, le
dije refrenada y ronca la voz:

—¡Es una vil tramoya!

—Es un ardid de guerra, Señor Marqués. ¡El león
está en la trampa!

—Fraile ruin, tentaciones me vienen de pasarte con
mi espada.

El exclaustrado abrió sus largos brazos de esqueleto
descubriéndose el pecho, y alzó la temerosa voz:

—¡Hágalo! Mi cadáver hablará por mí.

—Basta.

—¿Me entrega esos dineros?

—Sí.

—¿Cuándo?

—Mañana.

Calló un momento, y luego insistió en un tono que a
la vez era tímido y adusto:

—Es menester que sea ahora.

—¿No basta mi palabra?

Casi humilde murmuró:

—No dudo de su palabra, pero es menester que sea
ahora. Mañana acaso no tuviese valor para arrostrar su
presencia. Además quiero esta misma noche salir de
Estella. Ese dinero no es para mí, yo no soy un ladrón.
Lo necesito para echarme al campo. Le dejaré firmado

un documento. Tengo desde hace tiempo comprometida a la gente, y era preciso decidirse. Fray Ambrosio no falta a su palabra.

Yo le dije con tristeza:

—¿Por qué ese dinero no me fue pedido con amistad?

El fraile suspiró:

—No me atreví. Yo no sé pedir: Me da vergüenza. Primero que de pedir, sería capaz dc matar... No es por malos sentimientos, sino por vergüenza...

Calló, rota, anudada la voz, y echóse a la calle sin cuidarse de la lluvia que caía en chaparrón sobre las losas. La doncella, temblando de miedo, me guió adonde esperaba su señora.

★ ★ ★

María Antonieta acababa de llegar, y hallábase sentada al pie de un brasero, con las manos en cruz y el cabello despeinado por la humedad de la niebla. Cuando yo entré alzó los ojos tristes y sombríos, cercados de una sombra violácea:

—¿Por qué tal insistencia en venir esta misma noche?

Herido por el despego de sus palabras, me detuve en medio de la estancia:

—Siento decirte que es una historia de tu capellán...

Ella insistió:

—Al entrar, le encontré acechándome por orden tuya.

Yo callé resignado a sus reproches, que contarle mi aventura, y el ardid de Fray Ambrosio para llevarme allí, hubiera sido poco galante. Ella me habló con los ojos secos, pero empañada la voz:

—¡Ahora tanto afán en verme, y ni·una carta en la ausencia!... ¡Callas!... ¿Qué deseas?

Yo quise desagraviarla:

—Te deseo a ti, María Antonieta.

Sus bellos ojos místicos fulminaron desdenes:

—Te has propuesto comprometerme, que me arroje de su lado la Señora. ¡Eres mi verdugo!

Yo sonreí:

—Soy tu víctima.

Y le cogí las manos con intento de besarlas, pero ella las retiró fieramente. María Antonieta era una enferma de aquel mal que los antiguos llamaban mal sagrado, y como tenía alma de santa y sangre de cortesana, algunas veces en invierno, renegaba del amor: La pobre pertenecía a esa raza de mujeres admirables, que cuando llegan a viejas edifican con el recogimiento de su vida y con la vaga leyenda de los antiguos pecados. Entenebrecida y suspirante guardó silencio, con los ojos obstinados, perdidos en el vacío. Yo cogí de nuevo sus manos y las conservé entre las mías, sin intentar besarlas, temeroso de que volviese a huirlas. En voz amante supliqué:

—¡María Antonieta!

Ella permaneció muda: Yo repetí después de un momento:

—¡María Antonieta!

Se volvió, y retirando sus manos repuso fríamente:

—¿Qué quieres?

—Saber tus penas.

—¿Para qué?

—Para consolarlas.

Perdió de pronto su hieratismo, e inclinándose hacia mí con un arranque fiero, apasionado, clamó:

—Cuenta tus ingratitudes: ¡Porque ésas son mis penas!

La llama del amor ardía en sus ojos con un fuego sombrío que parecía consumirla: ¡Eran los ojos místicos que algunas veces se adivinan bajo las tocas monjiles, en el locutorio de los conventos! Me habló con la voz empañada:

—Mi marido viene a servir como ayudante del Rey.

—¿Dónde estaba?

—Con el Infante Don Alfonso.

Yo murmuré:

—Es una verdadera contrariedad.

—Es más que una contrariedad, porque tendremos que vivir la misma vida: La Reina me lo impone, y ante eso, prefiero volverme a Italia... ¿Tú no dices nada?

—Yo no puedo hacer otra cosa que acatar tu voluntad.

Me miró con reconcentrado sentimiento:

—¿Serías capaz de que me repartiese entre vosotros dos? ¡Dios mío, quisiera ser vieja, vieja caduca!...

Agradecido, besé las manos de mi adorada prenda. Aun cuando nunca tuve celos de los maridos, gustaba aquellos escrúpulos como un encanto más, acaso el mejor que podía ofrecerme María Antonieta. No se llega a viejo sin haber aprendido que las lágrimas, los remordimientos y la sangre, alargan el placer de los amores cuando vierten sobre ellos su esencia afrodita: Numen sagrado que exalta la lujuria madre de la divina tristeza y madre del mundo. ¡Cuántas veces, durante aquella noche, tuve yo en mis labios las lágrimas de María Antonieta! Aún recuerdo el dulce lamento con que habló en mi oído, temblorosos los párpados y estremecida la boca que me daba el aliento con sus palabras:

—No debía quererte... Debía ahogarte en mis brazos, así, así...

Yo suspiré:

—¡Tus brazos son un divino dogal!

Y ella oprimiéndome aún más gemía:

—¡Oh!... ¡Cuánto te quiero! ¿Por qué te querré tanto? ¿Qué bebedizo me habrás dado? ¡Eres mi locura!... ¡Di algo! ¡Di algo!

—Prefiero el escucharte.

—¡Pero yo quiero que me digas algo!

—Te diría lo que tú ya sabes... ¡Que me estoy muriendo por ti!

María Antonieta volvió a besarme, y sonriendo toda roja, murmuró en voz baja:

—Es muy larga la noche...
—Lo fue mucho más la ausencia.
—¡Cuánto me habrás engañado!
—Ya te demostraré lo contrario.

Ella, siempre roja y riente, respondió:

—Mira lo que dices.
—Ya lo verás.
—Mira que voy a ser muy exigente.

Confieso que al oírla, temblé. ¡Mis noches ya no eran triunfantes, como aquellas noches tropicales perfumadas por la pasión de la Niña Chole! María Antonieta soltóse de mis brazos y entró en su tocador. Yo esperé algún tiempo, y después la seguí: Al rumor de mis pasos, la miré huir toda blanca, y ocultarse entre los cortinajes de su lecho: Un lecho antiguo de lustroso nogal, tálamo clásico donde los hidalgos matrimonios navarros dormían hasta llegar a viejos, castos, sencillos, cristianos, ignorantes de aquella ciencia voluptuosa que divertía el ingenio maligno, y un poco teológico, de mi maestro el Aretino. María Antonieta fue exigente como una dogaresa, pero yo fui sabio como un viejo cardenal que hubiese aprendido las artes secretas del amor, en el confesonario y en una Corte del Renacimiento. Suspirando desfallecida, me dijo:

—¡Xavier, es la última vez!

Yo creí que hablaba de nuestra amorosa epopeya, y como me sentía capaz de nuevos alardes, suspiré inquietando con un beso apenas desflorado, una fresa del seno. Ella suspiró también, y cruzó los desnudos brazos apoyando las manos en los hombros, como esas santas arrepentidas, en los cuadros antiguos:

—¡Xavier, cuándo volveremos a vernos!
—Mañana.
—¡No!... Mañana empieza mi calvario...

Calló un momento, y echándome al cuello el amante nudo de sus brazos, murmuró en voz muy baja:

—La Señora tiene empeño en la reconciliación, pero

yo te juro que jamás... Me defenderé diciendo que estoy enferma.

Era un mal sagrado el de María Antonieta. Aquella noche rugió en mis brazos como la faunesa antigua. Divina María Antonieta, era muy apasionada y a las mujeres apasionadas se las engaña siempre. Dios que todo lo sabe, sabe que no son éstas las temibles, sino aquellas lánguidas, suspirantes, más celosas de hacer sentir al amante, que de sentir ellas. María Antonieta era cándida y egoísta como una niña, y en todos sus tránsitos se olvidaba de mí: En tales momentos, con los senos palpitantes como dos palomas blancas, con los ojos nublados, con la boca entreabierta mostrando la fresca blancura de los dientes entre las rosas encendidas de los labios, era de una incomparable belleza sensual y fecunda. Muy saturada de literatura dieciochesca.

★ ★ ★

Cuando me separé de María Antonieta aún no rayaba el día, y los clarines ya tocaban diana. Sobre la ciudad nevada, el claro de la luna caía sepulcral y doliente. Yo, sin saber dónde a tal hora buscar alojamiento, vagué por las calles, y en aquel caminar sin rumbo llegué a la plaza donde vivía Fray Ambrosio. Me detuve bajo el balcón de madera para guarecerme de la llovizna, que comenzaba de nuevo, y a poco observé que la puerta hallábase entornada. El viento la batía duro y alocado. Tal era la inclemencia de la noche, que sin detenerme a meditarlo, resolví entrar, y gané a tientas la escalera, mientras el galgo preso en la cuadra se desataba en ladridos, haciendo sonar los hierros de la cadena. Fray Ambrosio asomó en lo alto, alumbrándose con un velón: Vestía el cuerpo flaco y largo con una sotana recortada, y cubría la temblona cabeza con negro gorro puntiagudo, que daba a toda la figura cierto aspecto de astrólogo grotesco. Entré con sombría resolución, sin pronunciar palabra, y el fraile me siguió alzando la luz para esclarecer el corredor: Allá dentro

sentíanse apagados runrunes de voces y dineros: Reuni-
dos en la sala jugaban algunos hombres, con los som-
breros puestos y las capas terciadas, desprendiéndose
de los hombros: Por sus barbas rasuradas mostraban
bien claramente pertenecer a la clerecía: La baraja te-
níala un bravucón chato y cetrino, que cabalmente a
tiempo de entrar yo, echaba sobre la mesa los naipes
para un albur:

—Hagan juego.

Una voz, llena de fe religiosa, murmuró:

—¡Qué caballo más guapo!

Y otra voz secreteó como en el confesonario:

—¿Qué juego se da?

—Pues no lo ve... ¡Judías!... Van siete por el mismo
camino.

El que tenía la baraja advirtió adusto:

—Hagan el favor de no cantar juego. Así no se pue-
de seguir. ¡Todos se echan como lobos sobre la carta
cantada!

Un viejo con espejuelos y sin dientes, dijo lleno de
evangélica paz:

—No te incomodes, Miquelcho, que cada cual lleva
su juego: A Don Nicolás le parece que son judías...

Don Nicolás afirmó:

—Siete van por el mismo camino.

El viejo de los espejuelos sonrió compadecido:

—Nueve si no lo toma a mal... Pero no son judías,
sino bizcas y contrabizcas, que es el juego.

Otras voces murmuraron como en una letanía:

—Tira, Miquelcho.

—No hagas caso.

—Lo que sea se verá.

—¿No echas gallo?

Miquelcho repuso desabrido:

—No.

Y comenzó a tirar. Todos guardaron silencio. Algu-
nos ojos se volvían desapacibles, fijándome una mirada
rápida, y tornaban su atención a las cartas. Fray Am-

brosio llamó con un gesto al seminarista que estaba peinando el naipe, y que lo soltó por acercarse. Habló el Fray:

—Señor Marqués, no me recuerde lo de esta noche... ¡No me lo recuerde por María Santísima! Para decidirme había estado bebiendo toda la tarde.

Aún barboteó algunas palabras confusas, y asentando su mano sarmentosa en el hombro del seminarista, que se nos había juntado y escuchaba, dijo con un suspiro:

—Éste tiene toda la culpa... Le llevo como segundo de la partida.

Miquelcho me clavó los ojos audaces, al mismo tiempo que se cacheaba por la petaca:

—El dinero hay que buscarlo donde lo hay: Fray Ambrosio me había dicho cuánta era la generosidad de su amigo y protector...

El exclaustrado abrió la negra boca, con tosco y adulador encomio:

—¡Muy grande! En eso y en todo, es el primer caballero de España.

Algunos jugadores nos miraban curiosos. Miquelcho se apartó, recogió los naipes y continuó peinándolos. Cuando terminaba, dijo al viejo de los espejuelos:

—Corte, Don Quintiliano.

Y Don Quintiliano, al mismo tiempo que alzaba la baraja con mano temblona, advertía risueño:

—Cuidado, que yo doy siempre bizcas.

Miquelcho echó un nuevo albur sobre la mesa, y se volvió hacia mí:

—No le digo que juegue porque es una miseria de dinero lo que se tercia.

Y el viejo de los espejuelos, siempre evangélico, añadió:

—Todos somos unos pobres.

Y otro murmuró a modo de sentencia:

—Aquí sólo pueden ganarse ochavos, pero pueden en cambio perderse millones.

Miquelcho, viéndome vacilar, se puso en pie brin-
dándome con la baraja, y todos los clérigos me hicieron
sitio en torno de la mesa. Yo me volví sonriendo al
exclaustrado:

—Fray Ambrosio, me parece que aquí se quedan los
dineros de la partida.

—¡No lo permita Dios! Ahora mismo se acaba el
juego.

Y el fraile, de un soplo mató la luz. Por las ventanas
se filtraba la claridad del amanecer y un son de clarines
alzábase dominando el hueco trotar de los caballos so-
bre las losas de la plaza. Era una patrulla de Lanzas de
Borbón.

* * *

Don Carlos, a pesar del temporal de viento y de nie-
ve, resolvió salir a campaña. Me dijeron que desde
tiempo atrás sólo se esperaba para ello a que llegase la
Caballería de Borbón. ¡Trescientas lanzas veteranas,
que más tarde merecieron ser llamadas del Cid! El
Conde de Volfani, que había venido con aquella tropa,
formaba entre los ayudantes del Rey. Al vernos mos-
tramos los dos mucho contento pues éramos grandes
amigos, como puede presumirse, y cabalgamos empa-
rejadas las monturas. Los clarines sonaban rompiendo
marcha, el viento levantaba las crines de los caballos, y
la gente se agrupaba en las calles para gritar entusias-
mada:

—¡Viva Carlos VII!

En lo alto de las angostas ventanas guarecidas bajo
los aleros negruzcos, asomaba de largo en largo, alguna
vieja: Sus manos secas sostenían entornada la falleba al
mismo tiempo que con voz casi colérica, gritaba:

—¡Viva el Rey de los buenos cristianos!

Y la voz robusta del pueblo contestaba:

—¡Viva!

En la carretera hicimos alto un instante. El viento de
los montes nos azotó tempestuoso, helado, bravío, y
nuestros ponchos volaron flameantes, y las boinas, des-

cubriendo las tostadas frentes, tendiéronse hacia atrás con algo de furia trágica y hermosa. Algunos caballos relincharon encabritados, y fue un movimiento unánime el de afirmarse en las sillas. Después toda la columna se puso en marcha. La carretera se desenvolvía entre lomas coronadas de ermitas. Como viento y lluvia continuaron batiéndonos con grandes ráfagas, ordenóse el alto al cruzar el poblado de Zabalcín. El Cuartel Real aposentóse en una gran casería que se alzaba en la encrucijada de dos malos caminos, de ruedas uno y de herradura el otro. Apenas descabalgamos nos reunimos en la cocina al amor del fuego, y una mujeruca corrió por la casa para traer la silla de respaldo donde se sentaba el abuelo y ofrecérsela al Señor Rey Don Carlos. La lluvia no cesaba de batir los cristales con ruidoso azote, y la conversación fue toda para lamentar lo borrascoso del tiempo, que nos estorbaba castigar como quisiéramos a la facción alfonsina que ocupaba el camino de Oteiza. Por fortuna cerca del anochecer comenzó a calmar el temporal. Don Carlos me habló en secreto:

—¡Bradomín, qué haríamos para no aburrirnos!

Yo me permití responder:

—Señor, aquí todas las mujeres son viejas. ¿Queréis que recemos el rosario?

El Rey me miró al fondo de los ojos con expresión de burla.

—Oye, dinos el soneto que has compuesto a mi primo Alfonso: Súbete a esa silla.

Los cortesanos rieron: Yo quedé un momento mirándolos a todos, y luego hablé, inclinándome ante el Rey.

—Señor, para juglar nací muy alto.

Don Carlos al pronto dudó: Luego, decidiéndose, vino a mí sonriente, y me abrazó:

—Bradomín, no he querido ofenderte: Debes comprenderlo.

—Señor, lo comprendo, pero temí que otros no lo comprendiesen.

El Rey miró a su séquito, y murmuró con severa majestad:

—Tienes razón.

Hubo un largo silencio, sólo turbado por el rafagueo del viento y de las llamas en el hueco de la chimenea. La cocina comenzaba a ser invadida por las sombras, pero a través de los vidrios llorosos, se advertía que en el campo aún era la tarde. Los dos caminos, el de herradura y el de ruedas, se perdían entre peñascales adustos, y en aquella hora los dos aparecían solitarios por igual. Don Carlos me llamó desde el hueco de la ventana, con un gesto misterioso:

—Bradomín, tú y Volfani vendréis acompañándome. Vamos a Estella, pero es preciso que nadie se entere.

Yo, reprimiendo una sonrisa, interrogué:

—Señor, ¿queréis que avise a Volfani?

—Volfani está avisado. ¡Como que ha sido quien preparó la fiesta!

Me incliné, murmurando un elogio de mi amigo:

—¡Señor, admiro cómo hacéis justicia a los grandes talentos del Conde!

El Rey guardó silencio, como si quisiese mostrar disgusto de mis palabras: Luego abrió la vidriera, y dijo extendiendo la mano:

—No llueve.

En el cielo anubarrado comenzaba a esbozarse la luna. A poco llegó Volfani:

—Señor, todo está dispuesto.

El Rey murmuró brevemente:

—Esperemos a que cierre la noche.

En el fondo oscuro de la cocina resonaban dos voces: Don Antonio Lizárraga y Don Antonio Dorregaray, discurrían sobre arte militar: Recordaban las batallas ganadas, y forjaban esperanzas de nuevos triunfos: Dorregaray hablando de los soldados se enternecía: Ponderaba el valor sereno de los castellanos y el coraje de los catalanes, y la acometida de los navarros. De pronto una voz autoritaria interrumpe:

—¡Ésos los mejores soldados del mundo!

Y al otro lado del fuego, se alza lentamente la encorvada figura del viejo General Aguirre. El resplandor rojizo de las llamas temblaba en su rostro arrugado, y los ojos brillaban con fuego juvenil bajo la fosca nieve de las cejas. Con la voz temblona, emocionado como un niño, continuó:

—¡Navarra es la verdadera España! Aquí la lealtad, la fe y el heroísmo se mantienen como en aquellos tiempos en que fuimos tan grandes.

En su voz había lágrimas. Aquel viejo soldado era también un hombre de otros tiempos. Yo confieso que admiro a esas almas ingenuas, que aún esperan de las rancias y severas virtudes la ventura de los pueblos: Las admiro y las compadezco, porque ciegas a toda luz no sabrán nunca que los pueblos, como los mortales, sólo son felices cuando olvidan eso que llaman conciencia histórica, por el instinto ciego del futuro que está cimero del bien y del mal, triunfante de la muerte. Un día llegará, sin embargo, donde surja en la conciencia de los vivos, la ardua sentencia que condena a los no nacidos. ¡Qué pueblo de pecadores trascendentales el que acierte a poner el gorro de cascabeles en la amarilla calavera que llenaba de meditaciones sombrías el alma de los viejos ermitaños! ¡Qué pueblo de cínicos elegantes el que rompiendo la ley de todas las cosas, la ley suprema que une a las hormigas con los astros, renuncie a dar la vida, y en un alegre balneario se disponga a la muerte! ¿Acaso no sería ese el más divertido fin del mundo, con la coronación de Safo y Ganimedes?... Y a todo esto la noche había cerrado por completo, y el claro de la luna iluminaba el alféizar. Por la ventana abierta entraba un aire frío y húmedo que tan pronto abatía como alzaba flameantes las llamas del hogar. Don Carlos nos indicó con un gesto que le siguiésemos: Salimos, y caminamos a pie durante algún tiempo, hasta llegar al abrigo de los peñascales donde un soldado nos esperaba con los caballos del diestro. El Rey mon-

tó, arrancando al galope, y nosotros le imitamos. Al
pasar ante los guardias, una voz se alzaba en la noche.

—¿Quién vive?

Y el soldado respondía con un grito:

—¡Carlos VII!

—¿Qué gente?

—¡Borbón!

Y nos dejaban paso. Los peñascales que flanquean la
carretera parecían llenos de amenazas, y de los montes
cercanos llegaba en el silencio de la noche el rumor de
las hinchadas torrenteras. En las puertas de la ciudad
hubimos de confiar los caballos al soldado, y recatán-
donos caminamos a pie.

★   ★   ★

Nos detuvimos ante un caserón con rejas: Era el ca-
serón de mi bella bailarina elevada a Duquesa de
Uclés. Llamamos con recato, y la puerta se abrió... El
gran farol de hierro estaba encendido, y un hombre
marchó delante de nosotros franqueando otras puertas,
que francas se quedaban mucho después de pasar. Más
de una vez aquel hombre me miró curioso. Yo también
le miraba queriendo reconocerle: Tenía una pierna de
palo, era alto, seco, avellanado, con ojos de cañí, y la
calva y el perfil de César. De pronto sentí esclarecerse
mi memoria ante el solemne ademán con que de tiem-
po en tiempo se acariciaba los tufos. El César de la
pata de palo era un famoso picador de toros, hombre
de mucha majeza, amigo de las juergas clásicas con
cantadores y aristócratas: En otro tiempo se murmuró
que me había sustituido en el corazón de la gentil baila-
rina: Yo nunca quise averiguarlo porque siempre tuve
como un deber de andante caballería, respetar esos pe-
queños secretos de los corazones femeninos. ¡Con pro-
funda melancolía recordé aquel buen tiempo pasado!
Parecía despertarse al golpe seco de la pierna de palo,
mientras cruzábamos el vasto corredor, sobre cuyos
muros se desenvolvía en viejas estampas la historia
amorosa de Doña Marina y Hernán Cortés. Mi corazón

aún palpitó cuando en el fondo de una puerta surgió la Duquesa. Don Carlos la interrogó:

—¿Ha venido?

—Ya no tardará, Señor.

La Duquesa quiso apartarse cediendo el paso, pero muy galán lo rehusó el Rey:

—Las damas primero.

El salón, apenas alumbrado por los candelabros de las consolas, era grande y frío, con encerada tarima. Ante el sofá del estrado brillaba un brasero de cobre sostenido por garras de león. Don Carlos murmuró, al tiempo que extendía sus manos sobre el rescoldo:

—Las mujeres sólo saben hacerse esperar... ¡Es su gran talento!

Calló, y nosotros respetamos su silencio. La Duquesa me enviaba una sonrisa. Yo, al verla con tocas de viuda, recordé a la dama del negro velo que había salido de la iglesia en el cortejo de Doña Margarita. En el corredor volvía a resonar el golpe de la pata de palo, y un murmullo de voces. A poco entran dos mujeres muy rebozadas y anhelantes, con un vaho de humedad en los mantos. Al vernos, una de ellas retrocede hasta la puerta mostrando disgusto. Don Carlos se acerca, y después de algunas palabras en voz baja, sale acompañándola. La otra, una dueña que andaba sin ruido, sale detrás, pero a los pocos momentos vuelve, y con la mano asomando apenas bajo el manto, hace una seña a Volfani: Volfani se levanta y la sigue. Al vernos solos, murmura y ríe la Duquesa:

—¡Se tapan de usted!

—¿Acaso las conozco?

—No sé... No me pregunte usted nada.

Callé, sin sentir la menor curiosidad, y quise besar las manos ducales de mi amiga, pero ella las retiró sonriendo:

—Ten formalidad. Mira que somos dos viejos.

—¡Tú eres eternamente joven, Carmen!

Me miró un momento, y replicó maliciosa y cruel:

—Pues a ti no te sucede lo mismo.

Y como era muy piadosa, queriendo restañar la herida me echó al cuello su boa de marta, ofreciéndome los labios como un fruto. ¡Divinos labios que desvanecían en un perfume de rezos el perfume de los olés flamencos! Se apartó vivamente porque el golpe de la pierna de palo volvía a sonar despertando los ecos del caserón. Yo le dije sonriendo:

—¿Qué temes?

Y ella frunciendo el arco de su lindo ceño, respondió:

—¡Nada! ¿También tú crees esa calumnia?

Y besando la cruz de sus dedos, con tanta devoción como gitanería murmuró:

—¡Te lo juro!... Jamás he tenido nada con ese... Somos paisanos y le guardo ley, y por eso cuando un toro le dejó sin poderse ganar el pan, le recogí de caridad. ¡Tú harías lo mismo!

—¡Lo mismo!

Aun cuando no estuviese muy seguro, lo afirmé solemnemente. La Duquesa, como queriendo borrar por completo aquel recuerdo, me dijo con amoroso reproche:

—¡Ni siquiera me has preguntado por nuestra hija!

Quedé un momento turbado, porque apenas hacía memoria. Luego mi corazón puso la disculpa en mis labios.

—No me atreví.

—¿Por qué?

—No quería nombrarla viniendo en aventura con el Rey.

Una nube de tristeza pasó por los ojos de la madre:

—No la tengo aquí... Está en un convento.

Yo sentí de pronto el amor de aquella hija lejana y casi quimérica:

—¿Se parece a ti?

—No... Es feúcha.

Temiendo una burla, me reí:

—¿Pero de veras es mi hija?

La Duquesa de Uclés volvió a jurar besando la cruz de sus dedos, y tal vez haya sido mi emoción, pero entonces su juramento me pareció limpio de toda gitanería. Fijándome sus grandes ojos morunos, dijo con un profundo encanto sentimental, el encanto sentimental que hay en algunas coplas gitanas:

—Esa criatura es tan hija tuya como mía. Nunca lo oculté, ni siquiera a mi marido. ¡Y cómo la quería el pobrecito!

Se enjugó una lágrima. Era viuda desde el comienzo de la guerra, donde había muerto oscuramente el pacífico Duque de Uclés. La antigua bailarina, fiel a la tradición como una gran dama, se estaba arruinando por la Causa: Ella sola había costeado las armas y monturas de cien jinetes: Cien lanzas que se llamaron de Don Jaime. Al hablar del heredero se enternecía como si también fuese su hijo:

—¿De manera que has visto a mi precioso príncipe?

—Sí.

—¿Y a cuál de las Infantas?

—A Doña Blanca.

—¿Qué salada, verdad? ¡Va a ser más barbiana!

Y aún quedaba en el aire el aleteo gracioso de aquella profecía, cuando allá, en el fondo del caserón, resonó la voz del Rey. La Duquesa se puso de pie:

—¿Qué pasará?

Don Carlos entró. Estaba un poco pálido. Nosotros le interrogamos con los ojos. El Señor explicó:

—A Volfani acaba de darle un accidente. Ya se habían ido esas damas y estaba hablándole, cuando de pronto veo que cae poco a poco, doblándose sobre un brazo del sillón. Yo tuve que sostenerle...

Dicho esto salió, y nosotros, obedeciendo el mandato que no llegó a formular, salimos tras él. Volfani estaba en un sillón, deshecho, encogido, doblado y con la cabeza colgante. Don Carlos se acercó, y levantándole en sus brazos robustos, le asentó mejor:

—¿Cómo estás, Volfani?

Volfani hizo visibles esfuerzos para contestar, pero no pudo. De su boca inerte, caída, hilábanse las babas. La Duquesa acudió a limpiarlas, caritativa y excelsa como la Verónica. Volfani posó sobre nosotros sus tristes ojos mortales. La Duquesa, con el ánimo que las mujeres tienen para tales trances, le habló:

—Esto no es nada, Señor Conde. A mi marido, como estaba un poco grueso...

Volfani agitó un brazo que le colgaba, y los labios exhalaron un ronquido donde se adivinaba el esbozo de algunas palabras. Nosotros nos miramos creyendo verle morir. El ronquido, manchado por una espuma de saliva, volvió a pasar entre los labios de Volfani: De los ojos nublados se desprendieron dos lágrimas que corrieron escuetas por las mejillas de cera. Don Carlos le habló como a un niño, levantando la voz con cariñosa autoridad:

—Vas a ser trasladado a tu casa. ¿Quieres que te acompañe Bradomín?

Volfani siguió mudo. El Rey nos llamó aparte, y hablamos los tres en secreto. Lo primero, como cumplía a corazones cristianos y magnánimos, fue lamentar el disgusto de la pobre María Antonieta: Después fue augurarle la muerte del pobre Volfani: Lo último fue acordar de qué suerte había que trasladársele para evitar todo comento. La Duquesa advirtió que no podían llevarle criados de su casa, convínose en ello y al cabo de algunas dudas se acordó confiar el caso a Rafael el Rondeño. El César de la pata de palo, luego de enterarse, se acarició los tufos y dijo ceceando:

—¿Pero estamos seguros de que no es vino lo que tiene?

La Duquesa, poseída de justa indignación, le impuso silencio. El César, impasible, continuó acariciándose los tufos hasta que al fin se encaró con nosotros dando por resuelto el caso. Cargarían con el cuerpo del Conde Volfani dos sargentos que estaban alojados en los des-

vanes. Eran hombres de confianza, veteranos del Quin-
to de Navarra, y le llevarían a su casa como si viniesen
de camino. Y terminó su discurso con una palabra que,
como una caña de manzanilla, daba todo el aroma de
su antigua vida de torero y jácaro: ¿Hace?

★ ★ ★

Nos volvimos adonde habíamos dejado los caballos.
El Rey no ocultaba su disgusto: Frecuentemente repe-
tía, condolido y obstinado:

—¡Pobre Volfani! Era un corazón leal.

Durante algún tiempo sólo se escuchó el paso de las
cabalgaduras. La luna, una luna clara de invierno, ilu-
minaba la aridez nevada del Monte-Jurra. El viento,
avendavalado y frío, nos batía de frente. Don Carlos
habló, y una ráfaga llevóse deshechas sus palabras.
Apenas pude entender:

—¿Crees que morirá?...

Yo haciendo tornavoz con la mano grité:

—¡Lo temo, Señor!...

Y un eco repitió mis palabras, borrosas, informes.
Don Carlos guardó silencio, y durante el camino no ha-
bló más. Descabalgamos al abrigo de los peñascales
que había inmediatos a la casería, y entregando las
riendas al soldado que nos acompañaba, caminamos a
pie. En la puerta nos detuvimos un instante contem-
plando las nubes negras que el viento hacía desfilar so-
bre la luna. Don Carlos aún murmuró:

—¡Maldito tiempo! ¡Era un corazón leal!

Dirigió una última mirada al cielo torvo, que amena-
zaba ventisca, y entró. Traspuesto el umbral, percibimos
rumor de voces que disputaban. Yo tranquilicé al Rey:

— No es nada, Señor: Están jugándose las futuras
soldadas.

Don Carlos tuvo una sonrisa indulgente.

—¿Conoces quiénes son?

—Lo adivino, Señor. Todo el Cuartel Real.

Habíamos entrado en la sala donde estaba dispuesto
el aposento del Rey. Un velón alumbraba sobre la

mesa, la cama aparecía cubierta por rica piel de topo, y el brasero, colocado entre dos sillas de campaña, ardía con encenizados fulgores. Don Carlos, sentándose a descansar, me dijo con amable ironía:

—Bradomín, sabes que esta noche me han hablado con horror de ti... Dicen que tu amistad trae la desgracia... Me han suplicado que te alejes de mi persona.

Yo murmuré sonriendo:

—¿Ha sido una dama, Señor?

—Una dama que no te conoce... Pero cuenta que su abuela siempre te maldijo como al peor de los hombres.

Sentí una vaga aprensión:

—¿Quién era su abuela, Señor?

—Una princesa romañola.

Callé sobrecogido. Acababa de levantarse en mi alma, penetrándola con un frío mortal, el recuerdo más triste de mi vida. Salí de la estancia con el alma cubierta de luto. Aquel odio que una anciana transmitía a sus nietas, me recordaba el primero, el más grande amor de mi vida perdido para siempre en la fatalidad de mi destino. ¡Con cuánta tristeza recordé mis años juveniles en la tierra italiana, el tiempo en que servía en la Guardia Noble de Su Santidad! Fue entonces cuando en un amanecer de primavera, donde temblaba la voz de las campanas y se sentía el perfume de las rosas recién abiertas, llegué a la vieja ciudad pontificia, y al palacio de una noble princesa que me recibió rodeada de sus hijas, como en Corte de Amor. Aquel recuerdo llenaba mi alma. Todo el pasado, tumultuoso y estéril, echaba sobre mí, ahogándome, sus aguas amargas.

Buscando estar a solas salíme al huerto, y durante mucho tiempo paseé en la noche callada mi soledad y mis tristezas, bajo la luna, otras veces testigo de mis amores y de mis glorias. Oyendo el rumor de las hinchadas torrenteras que se despeñaban inundando los caminos, yo las comparaba con mi vida, unas veces ru-

giente de pasiones y otras cauce seco y abrasado. Como
la luna no disipase mis negros pensamientos, comprendí que era forzoso buscar el olvido en otra parte, y suspirando resignado me junté con mis mundanos amigos
del Cuartel Real. ¡Ay, triste es confesarlo, pero para
las almas doloridas ofrece la blanca luna menos consuelos que un albur! Con el canto del gallo tocaron diana
las cornetas, y hube de guardar mi ganancia volviendo
a sumirme en cavilaciones sentimentales. A poco un
ayudante vino a decirme que me llamaba el Rey. Le
hallé en su cámara apurando a sorbos una taza de café,
ya calzadas las espuelas y ceñido el sable:

—Bradomín, ahora soy contigo.

—A vuestras órdenes, Señor.

El Rey apuró el último sorbo, y dejando la taza me
llevó al hueco de la ventana:

—¡Conque nos ha salido otro cura faccioso!... Hombre leal y valiente, según me dicen, pero fanático... El
Cura de Orio.

Yo interrogué:

—¿Un émulo de Santa Cruz?

—No... Un pobre viejo para quien no han pasado los
años, y que hace la guerra como en tiempos de mi abuelo... Creo que intenta quemar por herejes a dos viajeros
rusos, dos locos sin duda... Yo quiero que tú te avistes con
él, para hacerle entender que son otros los tiempos: Aconséjale que vuelva a su iglesia y que entregue los prisioneros. Ya sabes que no quiero disgustar a Rusia.

—¿Y qué debo hacer si tiene la cabeza demasiado
dura?

Don Carlos sonrió con majestad:

—Rompérsela.

Y se apartó para recibir un correo que llegaba. Yo
quedé en el mismo sitio, esperando una última palabra.
Don Carlos alzó un momento los ojos del parte que
leía y tuvo para mí una de sus miradas afables, nobles,
serenas, tristes. Una mirada de gran Rey.

★　★　★

Salí, y un momento después cabalgaba llevando por escolta diez lanzas, escogidas, de Borbón. No hicimos parada hasta San Pelayo de Ariza. Allí supe que una facción alfonsina había cortado el puente de Omellín: Pregunté si era hacedero pasar el río, y me dijeron que no: El vado con las crecidas estaba imposible, y la barca había sido quemada. Hacíase forzoso volver atrás y seguir el camino de los montes para cruzar el río por el puente de Arnáiz. Yo quería, ante todo, dar cumplimiento a la misión que llevaba, y no vacilé, aun cuando suponía llena de riesgos aquella ruta, cosa que con los mayores extremos confirmó el guía, un viejo aldeano con tres hijos mozos en los Ejércitos del Señor Rey Don Carlos.

Antes de emprender la jornada bajamos con los caballos a que bebiesen en el río, y al mirar tan cerca la otra orilla, sentí la tentación de arriesgarme. Consulté con mis hombres, y como unos se mostrasen resueltos mientras otros dudaban, puse fin a tales pláticas entrándome río adentro con mi caballo: El animal tembloroso sacudía las orejas: Ya nadaba con el agua a la cincha, cuando en la otra ribera asomó una vieja cargada de leña, y comenzó a gritarnos. Al pronto supuse que nos advertía lo peligroso del paso. A mitad de la corriente, entendí mejor sus voces.

—¡Teneos, mis hijos! No paséis por el amor de Dios. Todo el camino está cubierto de negros alfonsistas...

Y echando al suelo el haz de leña, bajó hasta meterse con los zuecos en el agua, los brazos en alto como una sibila aldeana, clamorosa, desesperada y adusta:

—¡Dios Nuestro Señor quiere probarnos y saber ansí la fe que cada uno tiene en la su ánima, y la firme conciencia de los procederes!... ¡Cuentan y no acaban que han ganado una gran batalla! Abuín, Tafal, Endrás, Otáiz, todo es de los negros, mis hijos...

Me volví a mirar el talante que mostraba mi gente y halléme que retrocedía acobardada. En el mismo ins-

tante sonaron algunos tiros, y pude ver en el agua el
círculo de las balas que caían cerca de mí. Apresuréme
para ganar la otra orilla, y cuando ya mi caballo se er-
guía asentando los cascos en la arena, sentí en el brazo
izquierdo el golpe de una bala y correr la sangre calien-
te por la mano adormecida. Mis jinetes, doblados sobre
el arzón, ya trepaban al galope por una cuesta entre
húmedos jarales. Con los caballos cubiertos de sudor
entramos en la aldea. Hice llamar a un curandero que
me puso el brazo entre cuatro cañas, y sin más descan-
so ni otra prevención, tomé con mis diez lanzas el cami-
no de los montes. El guía, que caminaba a pie al dies-
tro de mi caballo, no cesaba de augurar nuevos riesgos.

Los dolores que mi brazo herido me causaban eran
tan grandes, que los soldados de la escolta viendo mis
ojos encendidos por la fiebre, y mi rostro de cera, y mis
barbas sombrías, que en pocas horas simulaban haber
crecido como en algunos cadáveres, guardaban un si-
lencio lleno de respeto. El dolor casi me nublaba los
ojos, y como mi caballo corría abandonada sobre el bo-
rrén la rienda, al cruzar una aldea faltó poco para que
atropellase a dos mujeres que caminaban juntas, ente-
rrándose en los lodazales. Gritaron al apartarse, fiján-
dome los ojos asustados: Una de aquellas mujeres me
reconoció:

—¡Marqués!

Me volví con un gesto de dolorida indiferencia:

—¿Qué quiere usted, señora?

—¿No se acuerda usted de mí?

Y se acercó, descubriéndose un poco la cabeza que
se tocaba con una mantilla de aldeana navarra. Yo vi
un rostro arrugado y unos ojos negros, de mujer enér-
gica y buena. Quise recordar:

—¿Es usted?...

Y me detuve indeciso. Ella acudió en mi ayuda:

—¡Sor Simona, Marqués!... ¿Parece mentira que no
se acuerde?

Yo repetí desvanecida la memoria:

—Sor Simona...

—¡Si me ha visto cien veces cuando estábamos en la frontera con el Rey! ¿Pero qué tiene? ¿Está herido?

Por toda respuesta le mostré mi mano lívida, con las uñas azulencas y frías. Ella la examinó un momento, y acabó exclamando con bondadoso ímpetu:

— Usted no puede seguir así, Marqués.

Yo murmuré:

—Es preciso que cumpla una orden del Rey.

—Aunque haya de cumplir cien órdenes. Tengo visto en esta guerra muchos heridos, y le digo que ese brazo no espera... Por lo tanto que espere el Rey.

Y tomó el diestro de mi caballo para hacerle torcer de camino. En aquella cara arrugada y morena, los ojos negros y ardientes de monja fundadora, estaban llenos de lágrimas: Volviéndose a los soldados, les dijo:

—Venid detrás, muchachos.

Hablaba con ese tono autoritario y enternecido, que yo había escuchado tantas veces a las viejas abuelas mayorazgas. Aun cuando el dolor me robaba toda energía, llevado de mis hábitos galantes hice un esfuerzo por apearme. Sor Simona se opuso con palabras que a la vez eran bruscas y amables. Obedecí, falto de toda voluntad, y entramos por una calle de huertos y casuchas bajas que humeaban en la paz del crepúsculo, esparciendo en el aire el olor de la pinocha quemada. Yo percibía como en un sueño las voces de algunos niños que jugaban, y los gritos furibundos de las madres. Las ramas de un sauce, que vertía su copa fuera de la tapia, me dieron en la cara. Inclinándome en la silla pasé bajo su sombra adversa.

★   ★   ★

Nos detuvimos ante una de esas hidalgas casonas aldeanas con piedra de armas sobre la puerta y ancho zaguán donde se percibe el aroma del mosto, que parece pregonar la generosa voluntad. Estaba en una plaza donde crecía la yerba: En el ámbito desierto resonaba el martillo del herrador y el canto de una mujeruca que remendaba su refajo. Sor Simona me dijo, mientras me ayudaba a descabalgar:

—Aquí tenemos nuestro retiro, desde que los republicanos quemaron el convento de Abarzuza... ¡La furia que les entró cuando la muerte de su General!

Yo interrogué vagamente:

—¿Qué General?

—¡Don Manuel de la Concha!

Entonces recordé haber oído, no sabía cuándo ni dónde, que la nueva de aquel suceso, una monja con disfraz de aldeana, hubo de llevarla a Estella. La monja, por ganar tiempo, había caminado toda la noche a pie, en medio de una tormenta, y al llegar fue tomada por visionaria. Era Sor Simona. Al darse a conocer aún me lo recordó sonriendo:

—¡Ay, Marqués, creí que aquella noche me fusilaban!

Yo subía, apoyado en su hombro, la ancha escalera de piedra, y delante de nosotros subía la compañera de Sor Simona. Era casi una niña, con los ojos aterciopelados, muy amorosos y dulces. Se adelantó para llamar, y nos abrió la hermana portera:

—¡Deo gracias!

—¡A Dios sean dadas!

Sor Simona me dijo:

—Aquí tenemos nuestro hospital de sangre.

Yo distinguí en el fondo crepuscular de una sala blanca entarimada de nogal, un grupo de mujeres con tocas, sentadas en sillas bajas de enea, haciendo hilas y rasgando vendajes. Sor Simona ordenó:

—Dispongan una cama en la celda donde estuvo Don Antonio Dorregaray.

Dos monjas se levantaron y salieron: Una de ellas llevaba a la cintura un gran manojo de llaves. Sor Simona, ayudada por la niña que viniera acompañándola, comenzó a desatar el vendaje de mi brazo:

—Vamos a ver cómo está. ¿Quién le puso estas cañas?

—Un curandero de San Pelayo de Ariza.

— ¡Válgame Dios! ¿Le dolerá mucho?

—¡Mucho!

Libre de las ligaduras que me oprimían el brazo, sentí un alivio, y me enderecé con súbita energía:

—Háganme una cura ligera, para que pueda continuar mi camino.

Sor Simona murmuró con gran reposo:

—¡Siéntese!... No hable locuras. Ya me dirá cuál es esa orden del Rey... Si fuese preciso, la llevaré yo misma.

Me senté, cediendo al tono de la monja:

—¿Qué pueblo es éste?

—Villarreal de Navarra.

—¿Cuánto dista de Amelzu?

—Seis leguas.

Yo murmuré reprimiendo una queja:

—Las órdenes que llevo son para el Cura de Orio.

—¿Qué órdenes son?

—Que me entregue unos prisioneros. Es preciso que hoy mismo me aviste con él.

Sor Simona movió la cabeza:

—Ya le digo que no piense en tales locuras. Yo me encargo de arreglar eso. ¿Qué prisioneros son los que ha de entregarle?

—Dos extranjeros a quienes ha ofrecido quemar por herejes.

La monja rió celebrándolo:

—¡Qué cosas tiene ese bendito!

Yo, reprimiendo una queja, también me reí. Un momento mis ojos encontraron los ojos de la niña, que asustados y compasivos, se alzaban de mi brazo amarillento donde se veía el cárdeno agujero de la bala. Sor Simona le advirtió en voz baja:

—Maximina, que pongas sábanas de hilo en la cama del Señor Marqués.

Salió presurosa: Sor Simona me dijo:

—Estaba viendo que rompía a llorar. ¡Es una criatura buena como los ángeles!

Yo sentí el alma llena de ternura por aquella niña de los ojos aterciopelados, compasivos y tristes. La memoria acalenturada, comenzó a repetir unas palabras con terca insistencia:

—¡Es feúcha! ¡Es feúcha! ¡Es feúcha!...

Me acosté con ayuda de un soldado y una vieja criada de las monjas. Sor Simona llegó a poco, y, sentándose a mi cabecera, comenzó:

—He mandado un aviso al alcalde, para que aloje a la gente que usted trae. El médico viene ahora, está terminando la visita en la sala de Santiago.

Yo asentí con apagada sonrisa. Poco después, oíamos en el corredor una voz cascada y familiar, hablando con las monjas que respondían melifluas. Sor Simona murmuró:

—Ya está ahí.

Todavía pasó algún tiempo hasta que el médico asomó en la puerta, tarareando un zorcico: Era un viejo jovial, de mejillas bermejas y ojos habladores, de una malicia ingenua: Deteniéndose en el umbral, exclamó:

—¿Qué hago? ¿Me quito la boina?

Yo murmuré débilmente:

—No, señor.

—Pues no me la quito. Aun cuando quien debiera autorizarlo era la Madre Superiora... Veamos qué tiene el valiente caporal.

Sor Simona murmuró con severa cortesía de señora antigua:

—Este caporal es el Marqués de Bradomín.

Los ojos alegres del viejo me miraron con atención:

—De oídas le conocía mucho.

Calló inclinándose para examinarme la mano, y comenzando a desatar el vendaje, se volvió un momento:

—¿Sor Simona, quiere hacerme el favor de aproximar la luz?

La monja acudió. El médico me descubrió el brazo

hasta el hombro, y deslizó sus dedos oprimiéndolo:
Sorprendido levantó la cabeza:

—¿No duele?

Yo respondí con voz apagada:

—¡Algo!

—¡Pues grite! Precisamente hago el reconocimiento
para saber dónde duele.

Volvió a empezar deteniéndose mucho, y mirándome
a la cara: Bordeando el agujero de la bala me hincó
más fuerte los dedos:

—¿Duele aquí?

—Mucho.

Oprimió más, y sintióse un crujido de huesos. Por la
cara del médico pasó como una sombra y murmuró di-
rigiéndose a la monja, que alumbraba inmóvil:

—Están fracturados el cúbito y el radio, y con fractu-
ra conminuta.

Sor Simona asintió con los ojos. El médico bajó la
manga cuidadosamente, y mirándome cara a cara, me
dijo:

—Ya he visto que es usted un hombre valiente.

Sonreí con tristeza, y hubo un momento de silencio.
Sor Simona dejó la luz sobre la mesa y tornó al borde
de la cama. Yo veía en la sombra las dos figuras atentas
y graves. Comprendiendo la razón de aquel silencio, les
hablé:

—¿Será preciso amputar el brazo?

El médico y la monja se miraron. Leí en sus ojos la
sentencia, y sólo pensé en la actitud que a lo adelante
debía adoptar con las mujeres para hacer poética mi
manquedad. ¡Quién la hubiera alcanzado en la más alta
ocasión que vieron los siglos! Yo confieso que entonces
más envidiaba aquella gloria al divino soldado, que la
gloria de haber escrito el Quijote. Mientras cavilaba es-
tas locuras volvió el médico a descubrirme el brazo y
acabó declarando que la gangrena no consentía espe-
ras. Sor Simona le llamó con un gesto, y apartados en

un extremo de la estancia los vi conferenciar en secreto. Después la monja volvió a mi cabecera:

—Hay que tener ánimo, Marqués.

Yo murmuré:

—Lo tengo, Sor Simona.

Y volvió a repetir la buena Madre:

—¡Mucho ánimo!

La miré fijamente, y le dije:

—¡Pobre Sor Simona, no sabe cómo anunciármelo!

La monja guardó silencio y la vaga esperanza que yo había conservado hasta entonces huyó como un pájaro que vuela en el crepúsculo: Yo sentí que era mi alma como viejo nido abandonado. La monja susurró:

—Es preciso tener conformidad con las desgracias que nos manda Dios.

Alejóse con leve andar, y vino el médico a mi cabecera. Un poco receloso le dije:

—¿Ha cortado usted muchos brazos, Doctor?

Sonrió, afirmando con la cabeza:

—Algunos, algunos.

Entraban dos monjas, y se apartó para ayudarlas a disponer sobre una mesa hilas y vendajes. Yo seguía con los ojos aquellos preparativos, y experimentaba un goce amargo y cruel, dominando el femenil sentimiento de compasión que nacía en mí ante la propia desgracia. El orgullo, mi gran virtud, me sostenía. No exhalé una queja ni cuando me rajaron la carne, ni cuando serraron el hueso, ni cuando cosieron el muñón. Puesto el último vendaje, Sor Simona murmuró, con un fuego simpático en los ojos:

—¡No he visto nunca tanto ánimo!

Y los acólitos que habían asistido al sacrificio, prorrumpieron también en exclamaciones:

—¡Qué valor!

—¡Cuánta entereza!

—¡Y nos pasmábamos del General!

Yo sospeché que me felicitaban, y les dije con voz débil:

—¡Gracias, hijos míos!

Y el médico, que se lavaba la sangre de las manos, les advirtió jovial:

—Dejadle que descanse...

Cerré los ojos para ocultar dos lágrimas que acudían a ellos, y sin abrirlos advertí que la estancia quedaba a oscuras. Después unos pasos tenues vagaron en torno mío, y no sé si mi pensamiento se desvaneció en un sueño o en un desmayo.

★ ★ ★

Era todo silencio en torno mío, y al borde de mi cama una sombra estaba en vela. Abrí los párpados en la vaga oscuridad, y la sombra se acercó solícita: Unos ojos aterciopelados, compasivos y tristes, me interrogaron:

—¿Sufre mucho, señor?

Eran los ojos de la niña, y al reconocerlos sentí como si las aguas de un consuelo me refrescasen la aridez abrasada del alma. Mi pensamiento voló como una alondra rompiendo las nieblas de la modorra donde persistía la conciencia de las cosas reales, angustiada, dolorida y confusa. Alcé con fatiga el único brazo que me quedaba, y acaricié aquella cabeza que parecía tener un nimbo de tristeza infantil y divina. Se inclinó besándome la mano, y al incorporarse tenía el terciopelo de los ojos brillante de lágrimas. Yo le dije:

—No tengas pena, hija mía.

Hizo un esfuerzo para serenarse, y murmuró conmovida:

—¡Es usted muy valiente!

Yo sonreí un poco orgulloso de aquella ingenua admiración:

—Ese brazo no servía de nada.

La niña me miró, con los labios trémulos, abiertos sobre mí sus grandes ojos como dos florecillas franciscanas de un aroma humilde y cordial. Yo le dije deseoso de gustar otra vez el consuelo de sus palabras tímidas:

—Tú no sabes que si tenemos dos brazos es como un recuerdo de las edades salvajes, para trepar a los árboles, para combatir con las fieras... Pero en nuestra vida de hoy, basta y sobra con uno, hija mía... Además, espero que esa rama cercenada servirá para alargarme la vida, porque ya soy como un tronco viejo.

La niña sollozó:

—¡No hable usted así, por Dios! ¡Me da mucha pena!

La voz un poco aniñada se ungía con el mismo encanto que los ojos, mientras en la penumbra de la alcoba quedaba indeciso el rostro menudo, pálido, con ojeras. Yo murmuré débilmente, enterrada la cabeza en las almohadas:

—Háblame, hija mía.

Ella repuso ingenua y casi riente, como si pasase por sus palabras una ráfaga de alegría infantil:

—¿Por qué quiere usted que le hable?

—Porque el oírte me hace bien. Tienes la voz balsámica.

La niña quedóse un momento pensativa y luego repitió, como si buscase en mis palabras un sentido oculto:

—¡La voz balsámica!

Y recogida en su silla de enea, a la cabecera de mi lecho, permaneció silenciosa, pasando lentamente las cuentas del rosario. Yo la veía al través de los párpados flojos, hundido en el socavón de las almohadas que parecían contagiarme la fiebre, caldeadas, quemantes. Poco a poco, volvieron a cercarme las nieblas del sueño, un sueño ingrávido y flotante, lleno de agujeros, de una geometría diabólica. Abrí los ojos de pronto, y la niña me dijo:

—Ahora se fue la Madre Superiora. Me ha reñido, porque dice que le fatigo a usted con mi charla, de manera que va usted a estarse muy callado.

Hablaba sonriendo, y en su cara triste y ojerosa, era la sonrisa como el reflejo del sol en las flores humildes, cubiertas de rocío. Recogida en su silla de enea, me fijaba los ojos llenos de sueños tristes. Yo al verla sentía penetrada el alma de una suave ternura, ingenua como amor de abuelo que quiere dar calor a sus viejos días consolando las penas de una niña y oyendo sus cuentos. Por oír su voz, le dije:

—¿Cómo te llamas?

—Maximina.

—Es un nombre muy bonito.

Me miró poniéndose encendida, y repuso risueña y sincera:

—¡Será lo único bonito que tenga!

—Tienes también muy bonitos los ojos.

—Los ojos podrá ser... ¡Pero soy toda yo tan poca cosa!...

—¡Ay!... Adivino que vales mucho.

Me interrumpió muy apurada:

—No, señor, ni siquiera soy buena.

Tendí hacia ella mi única mano:

—La niña más buena que he conocido.

—¡Niña!... Una mujer enana, Señor Marqués. ¿Cuántos años cree usted que tengo?

Y puesta en pie, cruzaba los brazos ante mí, burlándose ella misma de ser tan pequeña. Yo le dije con amable zumba:

—¡Acaso tengas veinte años!

Me miró muy alegre:

—¡Cómo se burla usted de mí!... Aún no tengo quince años, Señor Marqués... ¡Si creí que iba usted a decir doce!... ¡Ay, que le estoy haciendo hablar y no me prohibió otra cosa la Madre Superiora!

Sentóse muy apurada y se llevó un dedo a los labios al tiempo que sus ojos demandaban perdón. Yo insistí en hacerla hablar:

—¿Hace mucho que eres novicia?

Ella, sonriente, volvió a indicar el silencio: Después murmuró:

—No soy novicia: Soy educanda.

Y sentada en la silla de enea quedó abstraída. Yo

callaba, sintiendo sobre mí el encanto de aquellos ojos poblados por los sueños. ¡Ojos de niña, sueños de mujer! ¡Luces de alma en pena en mi noche de viejo!

★ ★ ★

Las tropas leales cruzaban la calle batiendo marcha. Se oía el bramido fanático del pueblo que acudía a verlas. Unos gritaban:

—¡Viva Dios!

Otros gritaban arrojando al aire las boinas:

—¡Viva el Rey! ¡Viva Carlos VII!

Recordé de pronto las órdenes que llevaba y quise incorporarme, pero el dolor del brazo amputado me lo impidió: Era un dolor sordo que me fingía tenerlo aún, pesándome como si fuese de plomo. Volviendo los ojos a la novicia le dije con tristeza y burla:

—Hermana Maximina, ¿quieres llamar en mi ayuda a la Madre Superiora?

—No está la Madre Superiora... ¡Si yo puedo servirle!

La contemplé sonriendo:

—¿Y te atreverías a correr por mí un gran peligro?

La novicia bajó los ojos, mientras en las mejillas pálidas florecían dos rosas:

—Yo sí.

—¡Tú, mi pobre pequeña!

Callé, porque la emoción embargaba mi voz, una emoción triste y grata al mismo tiempo: Yo adivinaba que aquellos ojos aterciopelados y tristes serían ya los últimos que me mirasen con amor. Era mi emoción como la del moribundo que contempla los encendidos oros de la tarde y sabe que aquella tarde tan bella es la última. La novicia levantando hacia mí sus ojos, murmuró:

—No se fije en que soy tan pequeña, Señor Marqués.

Yo le dije sonriendo:

—¡A mí me pareces muy grande, hija mía!... Me imagino que tus ojos se abren allá en el cielo.

Ella me miró risueña, al mismo tiempo que con una graciosa seriedad de abuela repetía:

¡Qué cosas!... ¡Qué cosas dice este señor!

Yo callé contemplando aquella cabeza llena de un encanto infantil y triste. Ella, después de un momento me interrogó con la adorable timidez que hacía florecer las rosas en sus mejillas:

—¿Por qué me ha dicho si me atrevería a correr un peligro?...

Yo sonreí:

—No fue eso lo que te dije, hija mía. Te dije si te atreverías a correrlo por mí.

La novicia calló, y vi temblar sus labios que se tornaron blancos. Al cabo de un momento murmuró sin atreverse a mirarme, inmóvil en su silla de enea, con las manos en cruz:

—¿No es usted mi prójimo?

Yo suspiré:

—Calla, por favor, hija mía.

Y me cubrí los ojos con la mano, en una actitud trágica. Así permanecí mucho tiempo esperando que la niña me interrogase, pero como la niña permanecía muda, me decidí a ser el primero en romper aquel largo silencio:

—Qué daño me han hecho tus palabras: Son crueles como el deber.

La niña murmuró:

—El deber es dulce.

—El deber que nace del corazón, pero no el que nace de una doctrina.

Los ojos aterciopelados y tristes me miraron serios:

—No entiendo sus palabras, señor.

Y después de un momento, levantándose para mullir mis almohadas, murmuró apenada de ver mi ceño adusto:

—¿Qué peligro era ese, Señor Marqués?

Yo la miré todavía severo:

—Era un vago hablar, Hermana Maximina.

—¿Y por qué deseaba ver a la Madre Superiora?

—Para recordarle un ofrecimiento que me hizo y del cual se ha olvidado.

Los ojos de la niña me miraron risueños:

—Yo sé cuál es: Que se viese con el Cura de Orio. ¿Pero quién le ha dicho que se ha olvidado? Entró aquí para despedirse de usted, y como dormía no quiso despertarle.

La novicia calló para correr a la ventana. De nuevo volvían a resonar en la calle los gritos con que el pueblo saludaba a las tropas leales:

—¡Viva Dios! ¡Viva el Rey!

La novicia tomó asiento en uno de los poyos que flanqueaban la ventana, aquella ventana angosta, de vidrios pequeños y verdeantes, única que tenía la estancia. Yo le dije:

—¿Por qué te vas tan lejos, hija mía?

—Desde aquí también le oigo.

Y me enviaba la piadosa tristeza de sus ojos sentada al borde de la ventana desde donde se atalayaba un camino entre álamos secos, y un fondo de montes sombríos, manchados de nieve. Como en los siglos medioevales y religiosos llegaban desde la calle las voces del pueblo: ¡Viva Dios! ¡Viva el Rey!

★ ★ ★

Exaltaba la fiebre mis pensamientos. Dormía breves instantes, y despertábame con sobresalto, sintiendo aferrada y dolorida en un término remoto, la mano del brazo cercenado. Fue para mí todo el día de un afán angustioso. Sor Simona entró al anochecer, saludándome con aquella voz grave y entera que tenía como levadura de las rancias virtudes castellanas:

—¿Qué tal van esos ánimos, Marqués?

—Decaídos, Sor Simona.

La monja sacudió bravamente el agua que mojaba su mantilla de aldeana:

—¡Vaya que me ha costado trabajo convencer a ese bendito Cura de Orio!...

Yo murmuré débilmente:

—¿Le ha visto?

—De allá vengo... Cinco horas de camino, y una hora de sermón hasta que me cansé y le hablé fuerte... Tentaciones tuve de arañarle la cara y hacer de Infanta Carlota. ¡Dios me lo perdone!... No sé ni lo que hablo. El pobre hombre no había pensado nunca en quemar a los prisioneros, pero quería retenerlos para ver si los convertía. En fin, ya están aquí.

Yo me incorporé en las almohadas:

—Sor Simona, ¿quiere usted autorizarles a entrar?

La Madre Superiora se asomó a la puerta y gritó:

—Sor Jimena, que pasen esos señores.

Luego volviendo a mi cabecera, murmuró:

—Se conoce que son personas de calidad. Uno de ellos parece un gigante. El otro es muy joven, con cara de niña, y sin duda era estudiante allá en su tierra, porque habla el latín mejor que el Cura de Orio.

La Madre Superiora calló poniendo atención a unos pasos lentos y cansados que se acercaban corredor adelante, y quedó esperando vueltos los ojos a la puerta, donde no tardó en asomar una monja llena de arrugas, con tocas muy almidonadas y un delantal azul: En la frente y en las manos tenía la blancura de las hostias:

—Madrecica, esos caballeros venían tan cansados y arrecidos que les he llevado a la cocina para que se calienten unas migajicas. ¡Viera cómo se quedan comiendo unas sopicas de ajo con que les he regalado! Si parece que no habían catado en tres días cosa de sustancia. ¿La Madrecica ha reparado cómo se les conoce en las manos pulidas ser personas de mucha calidad?

Sor Simona repuso con una sonrisa condescendiente:

—Algo de eso he reparado.

—El uno es tenebroso como un alcalde mayor, pero el otro es un bien rebonico zagal para sacarlo en un paso de procesión, con el tontillo de seda y las alicas de pluma, en la guisa que sale el Arcángel San Rafael.

La Madre Superiora sonreía oyendo a la monja,

cuyos ojos azules y límpidos conservaban un candor infantil entre los párpados llenos de arrugas. Con jovial entereza le dijo:

—Sor Jimena, con las sopas de ajo le sentará mejor que las alicas de pluma, un trago de vino rancio.

—¡Y tiene razón, Madrecica! Ahora voy a encandilarles con él.

Sor Jimena salió arrastrando los pies, encorvada y presurosa. Los ojos de la Madre Superiora la miraron salir llenos de indulgente compasión:

—¡Pobre Sor Jimena, ha vuelto a ser niña!

Después tomó asiento a mi cabecera y cruzó las manos. Anochecía y los vidrios llorosos de la ventana dejaban ver sobre el perfil incierto de los montes, la mancha de la nieve argentada por la luna. Se oía lejano el toque de una corneta. Sor Simona me dijo:

—Los soldados que vinieron con usted han hecho verdaderos horrores. El pueblo está indignado con ellos y con los muchachos de una partida que llegó ayer. Al escribano Arteta le han dado cien palos por negarse a desfondar una pipa y convidarlos a beber, y a Doña Rosa Pedrayes la han querido emplumar porque su marido, que murió hace veinte años, fue amigo de Espartero. Cuentan que han subido los caballos al piso alto, y que en las consolas han puesto la cebada para que comiesen. ¡Horrores!

Seguía oyéndose el toque vibrante y luminoso de la corneta que parecía dar sus notas al aire como un despliegue de bélicas banderas. Yo sentí alzarse dentro de mí el ánimo guerrero, despótico, feudal, este noble ánimo atávico, que haciéndome un hombre de otros tiempos, hizo en éstos mi desgracia. ¡Soberbio Duque de Alba! ¡Glorioso Duque de Sesa, de Terranova y Santangelo! ¡Magnífico Hernán Cortés!: Yo hubiera sido alférez de vuestras banderas en vuestro siglo. Yo siento, también, que el horror es bello, y amo la púrpura gloriosa de la sangre, y el saqueo de los pueblos, y a los viejos soldados crueles, y a los que violan doncellas, y a

los que incendian mieses, y a cuantos hacen desafueros
al amparo del fuero militar. Alzándome en las almoha-
das se lo dije a la monja:

—Señora, mis soldados guardan la tradición de las
lanzas castellanas, y la tradición es bella como un ro-
mance y sagrada como un rito. Si a mí vienen con sus
quejas, así se lo diré a esos honrados vecinos de Villa-
rreal de Navarra.

Yo ví en la oscuridad que la monja se enjugaba una
lágrima: Con la voz emocionada, me habló:

—Marqués, yo también se lo dije así... No con esas
palabras, que no sé hablar con tanta elocuencia, pero sí
en el castellano claro de mi tierra. ¡Los soldados deben
ser soldados, y la guerra debe ser guerra!

En esto la otra monja llena de arrugas, risueña bajo
sus tocas blancas y almidonadas, abrió la puerta tímida-
mente y asomó con una luz, pidiendo permiso para que
entrasen los prisioneros. A pesar de los años reconocí
al gigante: Era aquel príncipe ruso que provocara un
día mi despecho, cuando allá en los países del sol quiso
seducirle la Niña Chole. Viendo juntos a los dos prisio-
neros, lamenté más que nunca no poder gustar del be-
llo pecado, regalo de los dioses y tentación de los poe-
tas. En aquella ocasión hubiera sido mi botín de guerra
y una hermosa venganza, porque era el compañero del
gigante el más admirable de los efebos. Considerando
la triste aridez de mi destino, suspiré resignado. El efebo
me habló en latín, y en sus labios el divino idioma evo-
caba el tiempo feliz en que otros efebos sus hermanos,
eran ungidos y coronados de rosas por los emperadores:

—Señor, mi padre os da las gracias.

Con aquella palabra padre, alta y sonora, era tam-
bién cómo sus hermanos nombraban a los emperado-
res. Y le dije enternecido:

—¡Que los dioses te libren de todo mal, hijo mío!

Los dos prisioneros se inclinaron. Creo que el gigan-
te me reconoció, porque advertí en sus ojos una expre-
sión huidiza y cobarde. Incapaz para la venganza, al

verlos partir recordé a la niña de los ojos aterciopela-
dos y tristes, y lamenté con un suspiro, que no tuviese
las formas gráciles de aquel efebo.

★ ★ ★

Toda la noche hubo sobresalto y lejano tiroteo de
fusilería. Al amanecer comenzaron a llegar heridos y
supimos que la facción alfonsina ocupaba el Santuario
de San Cernín. Los soldados cubiertos de lodo exhala-
ban un vaho húmedo de los ponchos: Bajaban sin for-
mación por los caminos del monte: Desanimados y re-
celosos murmuraban que habían sido vendidos.

Yo había obtenido permiso para levantarme, y con
la frente apoyada en los cristales de la ventana contem-
plaba los montes envueltos en la cortina cenicienta de
la lluvia. Me sentía muy débil y al verme en pie con mi
brazo cercenado, confieso que era grande mi tristeza.
Exaltábase mi orgullo, y sufría presintiendo el goce de
algunas viejas amigas de quien no hablaré jamás en mis
Memorias. Pasé todo el día en sombrío abatimiento,
sentado en uno de los poyos que guarnecían la ventana.
La niña de los ojos aterciopelados y tristes, me hizo
compañía largos ratos. Una vez le dije:

—Hermana Maximina, ¿qué bálsamo me traes?

Ella, sonriendo llena de timidez, vino a sentarse en
el otro poyo de la ventana. Yo cogí su mano y comencé
a explicarle:

—Hermana Maximina, tú eres dueña de tres bálsa-
mos: Uno lo dan tus palabras, otro tus sonrisas, otro
tus ojos de terciopelo...

Con la voz apagada y un poco triste, le hablaba de
esta suerte, como a una niña a quien quisiera distraer
con un cuento de hadas. Ella me respondía:

—No le creo a usted, pero me gusta mucho oírle...
¡Sabe usted decir todas las cosas, como nadie sabe!...

Y toda roja enmudecía. Después limpiaba los crista-
les empañados, y mirando al huerto quedábase abstraí-
da. El huerto era triste: Bajo los árboles crecía la yerba
espontánea y humilde de los cementerios, y la lluvia

goteaba del ramaje sin hojas, negro, adusto. En el brocal del pozo saltaban esos pájaros gentiles que llaman de las nieves, al pie de la tapia balaba una oveja tirando de la jareta que la sujetaba, y por el fondo nublado del cielo iba una bandada de cuervos. Yo repetía en voz baja:

—¡Hermana Maximina!

Volvióse lentamente, como una niña .cnfcrma a quien ya no alegran los juegos:

—¿Qué mandaba usted, Señor Marqués?

En sus ojos de terciopelo parecía haber quedado toda la tristeza del paisaje. Yo le dije:

—Hermana Maximina, se abren las heridas de mi alma, y necesito alguno de tus bálsamos. ¿Cuál quieres darme?

—El que usted quiera.

—Quiero el de tus ojos.

Y se los besé paternalmente. Ella batió muchas veces los párpados y quedó seria, contemplando sus manos delicadas y frágiles de mártir infantil. Yo sentía que una profunda ternura me llenaba el alma con voluptuosidad nunca gustada. Era como si un perfume de lágrimas se vertiese en el curso de las horas felices. Volví a murmurar:

—Hermana Maximina...

Y ella, sin alzar la cabeza respondió con la voz vaga y dolorosa:

—Diga, Señor Marqués.

—Digo que eres avara de tus tesoros. ¿Por qué no me miras? ¿Por qué no me hablas? ¿Por qué no me sonríes Hermana Maximina?

Levantó los ojos tristes y lánguidos como suspiros:

—Estaba pensando que lleva usted muchas horas de pie. ¿No le hará a usted daño?

Yo tomé sus dos manos y la atraje hacia mí:

—No me hará daño si me haces el don de tus bálsamos.

Por primera vez la besé en los labios: Estaban helados. Olvidé el tono sentimental y con el fuego de los años juveniles le dije:

—¿Serías capaz de quererme?

Ella se estremeció sin responderme. Yo volví a repetir:

—¿Serías capaz de quererme, con tu alma de niña?

—Sí... ¡Le quiero! ¡Le quiero!

Y se arrancó de mis brazos demudada. Huyó y no volví a verla en todo aquel día. Sentado en el poyo de la ventana permanecí mucho tiempo. La luna se levantaba sobre los montes en un cielo anubarrado y fantástico: El huerto estaba oscuro: La casa en santa paz. Sentí que a mis párpados acudía el llanto: Era la emoción del amor, que da una profunda tristeza a las vidas que se apagan. Como la mayor ventura soñé que aquellas lágrimas fuesen enjugadas por la niña de los ojos aterciopelados y tristes. El murmullo del rosario, que rezaban las monjas en comunidad, llegaba hasta mí como un eco de aquellas almas humildes y felices que cuidaban a los enfermos cual a los rosales de su huerto, y amaban a Dios Nuestro Señor. Por la sombra del cielo iba la luna sola, lejana y blanca como una novicia escapada de su celda. ¡Era la Hermana Maximina!

★ ★ ★

Después de una noche en lucha con el pecado y el insomnio, nada purifica el alma como bañarse en la oración y oír una misa al rayar el día. La oración entonces es también un rocío matinal y la calentura del Infierno se apaga con él. Yo, como he sido un gran pecador, aprendí esto en los albores de mi vida, y en aquella ocasión no podía olvidarlo. Me levanté al oír el esquilón de las monjas, y arrodillado en el presbiterio, tiritando bajo mi tabardo de soldado, atendí la misa que celebró el capellán. Algunos mocetones flacos, envueltos en mantas y con las frentes vendadas, se perfilaban en la sombra de uno y de otro muro, arrodillados sobre las tarimas. En el ámbito oscuro resonaban las toses cavadas y tísicas, apagando el murmullo del latín

litúrgico. Terminada la misa, salí al patio que mostraba
su enlosado luciente por la lluvia. Los soldados conva-
lecientes paseaban: La fiebre les había descarnado las
mejillas y hundido los ojos: A la luz del amanecer pare-
cían espectros: Casi todos eran mozos aldeanos enfer-
mos de fatiga y de nostalgia. Herido en batalla sólo
había uno: Yo me acerqué a conversar con él: Viéndo-
me llegar se cuadró militarmente. Le interrogué:

—¿Qué hay muchacho?

—Aquí, esperando que me echen a la calle.

—¿Dónde te han herido?

—En la cabeza.

—Te pregunto en qué acción.

—Un encuentro que tuvimos cerca de Otáiz.

—¿Qué tropas?

—Nosotros solos contra dos compañías de Ciudad
Rodrigo.

—¿Y quiénes sois vosotros?

—Los muchachos del Fraile. Yo era la primera vez
que entraba en fuego.

—¿Y quién es el Fraile?

—Uno que estaba en Estella.

—¿Fray Ambrosio?

—Creo que ése.

—¿Pues tú no le conoces?

—No, señor. Quien nos mandaba era Miquelcho. El
Fraile decían que estaba herido.

—¿Tú no eras de la partida?

—No, señor. A mí, junto con otros tres, me habían
cogido al pasar por Omellín.

—¿Y os obligaron a seguirlos?

—Sí, señor. Hacían leva.

—¿Y cómo se ha batido la gente del Fraile?

—A mi parecer bien. Les hemos tumbado siete a los
del pantalón encarnado. Los esperamos ocultos en un
ribazo del camino: Venían muy descuidados can-
tando...

El muchacho se interrumpió. Oíase lejano clamoreo

de femeniles voces asustadas. Las voces corrían la casa clamando:

—¡Qué desgracia!

—¡Virgen Santísima!

—¡Divino Jesús!

El clamoreo se apagó de pronto: La casa volvió a quedar en santa paz. Los soldados hicieron comentarios y el suceso obtuvo distintas versiones. Yo me paseaba bajo los arcos y sin poner atención oía frases desgranadas que apenas bastaban a enterarme: Hablaban en este corro de una monja muy vieja y encamada que había prendido fuego a las cortinas de su lecho, y en aquel otro de una novicia muerta en su celda al pie del brasero. Fatigado del paseo bajo los arcos donde el viento metía la lluvia, me dirigí hacia mi estancia. En uno de los corredores hallé a Sor Jimena:

—Hermana, ¿puede saberse qué ha ocurrido para esos lloros?

La monja vaciló un momento, y luego repuso sonriendo candorosa:

—¿Cuáles lloros?... ¡Ay, nada sabía!... Ocupadica en repartir un rancho a los chicarros. ¡Virgen del Carmelo, da pena ver cómo vienen los pobreticos!

No quise insistir y fui a encerrarme en mi celda. Era una tristeza depravada y sutil la que llenaba mi alma. Lujuria larvada de místico y de poeta. El sol matinal, un sol pálido de invierno, temblaba en los cristales de aquella ventana angosta que dejaba ver un camino entre álamos secos y un fondo de montes sombríos manchados de nieve. Los soldados seguían llegando diseminados. Las monjas reunidas en el huerto los recibían con amorosa solicitud y les curaban, después de lavarles las heridas con aguas milagrosas. Yo percibía el sordo murmullo de las voces dolientes y airadas. Todos murmuraban que habían sido vendidos. Presentí entonces el fin de la guerra, y contemplando aquellas cumbres adustas de donde bajaban las águilas y las traiciones, recordé las palabras de la Señora: ¡Bradomín, que no se diga de los caballeros españoles, que habéis ido a lejanas tierras en busca de una princesa, para vestirla de luto!

★   ★   ★

Pulsaron con los artejos. Volví la cabeza, y en el umbral de la puerta descubrí a Sor Simona. No había reconocido la voz, tal era su mudanza. La monja, clavándome los ojos autoritarios, me dijo:

—Señor Marqués, vengo a comunicarle una grata noticia.

Hizo una pausa, con ánimo de dar más importancia a sus palabras, y sin adelantar un paso, inmóvil en la puerta, prosiguió:

—El médico le ha dado de alta, y puede usted ponerse en camino sin peligro alguno.

Sorprendido miré a la monja queriendo adivinar sus pensamientos, pero aquel rostro permaneció impenetrable, envuelto en la sombra de las tocas. Lentamente, superando el tono altanero con que la monja me había hablado, le dije:

—¿Cuándo debo partir, Reverenda Madre?

—Cuando usted quiera.

Sor Simona mostró intención de alejarse y con un gesto la detuve:

—Escuche usted, Señora Reverenda.

—¿Qué se le ofrece?

—Deseo decirle adiós a la niña que me acompañó en estos días tan tristes.

—Esa niña está enferma.

—¿Y no puedo verla?

—No: Las celdas son clausura.

Ya había traspuesto el umbral, cuando volviendo resuelta sobre sus pasos entró de nuevo en la estancia y cerró la puerta. Con la voz vibrante de cólera y embargada de pena, me dijo:

—Ha cometido usted la mayor de sus infamias enamorando a esa niña.

Confieso que aquella acusación sólo despertó en mi alma un remordimiento dulce y sentimental:

—¡Sor Simona, imagina usted que con los cabellos blancos y un brazo de menos aún se puede enamorar!

La monja me clavó los ojos, que bajo los párpados llenos de arrugas fulguraban apasionados y violentos:

—A una niña que es un ángel, sí. Comprendiendo que por su buen talle ya no puede hacer conquistas, finge usted una melancolía varonil que mueve a lástima el corazón. ¡Pobre hija, me lo ha confesado todo!

Yo repetí, inclinando la cabeza:

—¡Pobre hija!

Sor Simona retrocedió dando un grito:

—¡Lo sabía usted!

Sentí estupor y zozobra. Una nube pesada y negra envolvió mi alma, y una voz sin eco y sin acento, la voz desconocida del presagio, habló dentro sonámbula. Sentí terror de mis pecados como si estuviese próximo a morir. Los años pasados me parecieron llenos de sombras, como cisternas de aguas muertas. La voz de la corazonada repetía implacable dentro de mí aquellas palabras ya otra vez recordadas con terca insistencia. La monja juntando las manos clamó con horror:

—¡Lo sabía usted!

Y su voz embargada por el espanto de mi culpa me estremeció. Parecíame estar muerto y escucharla dentro del sepulcro, como una acusación del mundo. El misterio de los dulces ojos aterciopelados y tristes era el misterio de mis melancolías en aquellos tiempos, cuando fui galán y poeta. ¡Ojos queridos! Yo los había amado porque encontraba en ellos los suspiros románticos de mi juventud. Las ansias sentimentales que al malograrse me dieron el escepticismo de todas las cosas, la perversión melancólica y donjuanesca que hace las víctimas y llora con ellas. Las palabras de la monja, repetidas incesantemente, parecían caer sobre mí como gotas de un metal ardiente:

—¡Lo sabía usted!

Yo guardaba un silencio sombrío. Hacía mentalmente examen de conciencia, queriendo castigar mi alma con el cilicio del remordimiento, y este consuelo de los pecadores arrepentidos también huyó de mí. Pensé que no podía compararse mi culpa con la culpa de nuestro origen, y aun lamenté con Jacobo Casanova, que los padres no pudiesen hacer en todos los tiempos la felicidad de sus hijos. La monja, con las manos juntas y el acento de horror y de duda, repetía sin cesar:

—¡Lo sabía usted! ¡Lo sabía usted!

Y de pronto clavándome los ojos ardientes y fanáticos, hizo la señal de la cruz y estalló en maldiciones. Yo, como si fuere el diablo, salí de la estancia. Bajé al patio donde estaban algunos soldados de mi escolta conversando con los heridos, y di orden de tocar bota-sillas. Poco después el clarín alzaba su canto animoso y dominador como el de un gallo. Las diez lanzas de mi escolta se juntaron en la plaza: Regidos por sus jinetes piafaban los caballos ante el blasonado portón. Al montar eché mi brazo tan de menos que sentí un profundo desconsuelo, y buscando el bálsamo de aquellos ojos aterciopelados miré a las ventanas, pero las angostas ventanas de montante donde temblaba el sol de la mañana, permanecieron cerradas. Requerí las riendas, y sumido en desengañados pensamientos cabalgué al frente de mis lanzas. Al remontar un cerro me volví enviando el último suspiro al viejo caserón donde había encontrado el más bello amor de mi vida. En los cristales de una ventana vi temblar el reflejo de muchas luces, y el presentimiento de aquella desgracia, que las monjas habían querido ocultar, cruzó por mi alma con un vuelo sombrío de murciélago. Abandoné las riendas sobre el borrén, y me cubrí los ojos con la mano, para que mis soldados no me viesen llorar. En aquel sombrío estado de dolor, de abatimiento y de incertidumbre, a la memoria acalenturada volvían con terca insistencia unas palabras pueriles: ¡Es feúcha! ¡Es feúcha! ¡Es feúcha!

★   ★   ★

Fue aquélla la más triste jornada de mi vida. Mis dolores y mis pensamientos no me daban un instante de paz. La fiebre tan pronto me abrasaba como me estremecía, haciéndome chocar diente con diente. Algunas veces un confuso delirio me embargaba, y las ideas quiméricas, funambulescas, ingrávidas, se trasmudaban con angustioso devaneo de pesadilla. Cuando al anochecer entramos por las calles de Estella, yo apenas podía tenerme sobre el caballo, y al apearme faltó poco para que diese en tierra. Me alojé en casa de dos señoras, madre e hija, viuda la vieja del famoso Don Miguel de Arizcun. Conservo vivo el recuerdo de aquellas damas vestidas con hábito de estameña, de su rostro marchito y de sus manos flacas, del andar sin ruido y de la voz monjil. Me atendieron con amorosa solicitud dándome caldos con vino generoso, y a cada momento entornaban la puerta de la estancia por mirar si yo dormía o deseaba alguna cosa. Cerrada ya la noche, y a continuación de fuertes aldabonazos que resonaron en toda la casa, la solterona entró algo asustada:

—¡Señor Marqués, aquí le buscan!

Un hombre de aventajado talle, con la frente vendada y el tabardo sobre los hombros, se destacaba en la puerta de mi alcoba. Su voz levantóse grave como en un responso:

—¡Saludo al ilustre prócer y deploro su desgracia!

Era Fray Ambrosio y el verle no dejó de regocijarme. Adelantóse haciendo sonar las espuelas, y con la diestra en la sien para contener un tanto el temblor de la cabeza. La señora le advirtió meliflua, al mismo tiempo que saludaba para retirarse:

—Procure no cansar al enfermo, y háblele bajito.

El exclaustrado asintió con un gesto. Quedamos solos, tomó asiento a mi cabecera y comenzó a mascullar rancias consideraciones:

—¡Válgame Dios!... Después de haber corrido tanto mundo y tantos peligros, venir a perder un brazo en esta guerra, que no es guerra... ¡Válgame Dios! No sabemos ni dónde está la desgracia, ni dónde está la fortuna, ni dónde está la muerte... No sabemos nada. ¡Dichoso aquel a quien la última hora no le coge en pecado mortal!...

Yo divertía mis dolores oyendo estas pláticas del fraile guerrillero: Adivinaba su intención de edificarme con ellas, y no podía menos de sentir el retozo de la risa. Fray Ambrosio, al verme exangüe y demacrado por la fiebre, habíame juzgado en trance de muerte, y le complacía deponer por un momento sus fieros de soldado, para encaminar al otro mundo el alma de un amigo que moría por la Causa. Aquel fraile lo mismo libraba batallas contra la facción alfonsista que contra la facción de Satanás. Habíasele corrido la venda que a modo de turbante llevaba sobre el cano entrecejo, y mostraba los labios sangrientos de una cuchillada que le hendía la frente. Yo gemí sepultado entre las almohadas, y le dije con la voz moribunda y burlona:

—Fray Ambrosio, todavía no me ha referido usted sus hazañas, ni cómo recibió esa herida.

El fraile se puso en pie: Tenía el aspecto fiero de un ogro, y a mí me divertía al igual que los ogros de los cuentos:

—¿Cómo he recibido esta herida?... ¡Sin gloria, como usted la suya!... ¿Hazañas? Ya no hay hazañas, ni guerra, ni otra cosa más que una farsa. Los generales alfonsistas huyen delante de nosotros, y nosotros delante de los generales alfonsistas. Es una guerra para conquistar grados y vergüenzas. Acuérdese de lo que le digo: Terminará con una venta, como la otra. Hay en el campo alfonsista muchos generales capaces para esas tercerías. ¡Hoy se conquistan así los tres entorchados!

Calló de mal talante, luchando por ajustarse la venda: Las manos y la cabeza temblábanle por igual. El cráneo, desnudo y horrible, recordaba el de esos gigantescos moros que se incorporan chorreando sangre bajo el caballo del Apóstol. Yo le dije con una sonrisa:

—Fray Ambrosio, estoy por decir que me alegro de que no triunfe la Causa.

Me miró lleno de asombro:

—¿Habla sin ironía?

—Sin ironía.

Y era verdad. Yo hallé siempre más bella la majestad caída que sentada en el trono, y fui defensor de la tradición por estética. El carlismo tiene para mí el encanto solemne de las grandes catedrales, y aun en los tiempos de la guerra, me hubiera contentado con que lo declarasen monumento nacional. Bien puedo decir, sin jactancia, que como yo pensaba también el Señor. El fraile abría los brazos y desencadenaba el trueno de su voz:

—¡La Causa no triunfará porque hay muchos traidores!

Quedó un momento silencioso y ceñudo, con la venda entre las manos, mostrando la temerosa cuchillada que le hendía la frente. Yo volví a interrogarle:

—¡En fin, sepamos cómo ha recibido esa herida, Fray Ambrosio!

Trató de ponerse la venda al mismo tiempo que barboteaba:

—No sé... No me acuerdo...

Yo le miré sin comprender. El fraile estaba en pie al borde de mi cama, y en la vaga oscuridad albeaba el cráneo desnudo y temblón: La sombra cubría la pared. De pronto, arrojando al suelo la venda convertida en hilachas, exclamó:

—¡Señor Marqués, nos conocemos! Usted sabe muy bien cómo recibí esta herida, y me lo pregunta por mortificarme.

Al oírle me incorporé en las almohadas, y le dije con altivo desdeño:

—Fray Ambrosio, he sufrido demasiado en estos días para perder el tiempo ocupándome de usted.

Arrugó el entrecejo e inclinó la cabeza:

—¡Es verdad!... También ha tenido lo suyo... Pues

esta descalabradura me la ha inferido ese ladrón de Miquelcho. ¡Un traidor que se alzó con el mando de la partida!... La deuda contraída yo la pagaré como pueda... Crea que el exabrupto de aquella noche me pesa. En fin, ya no hay que hacerle... El Señor Marqués de Bradomín, afortunadamente, sabe comprender todas las cosas...

Yo le interrumpí:

—Y disculparlas, Fray Ambrosio.

Su cólera acabó en abatimiento, y suspirando dejóse caer en un sillón que había a mi cabecera. Al cabo de algún tiempo, mientras se registraba bajo el tabardo, comenzó:

—¡Lo he dicho siempre!... El primer caballero de España... Pues aquí le entrego cuatro onzas. Supongo que el ilustre prócer no querrá ver la ley del oro... Dicen que eso es de judaizantes.

Del aforro del tabardo había sacado el dinero envuelto en un papel manchado de rapé, y reía con aquella risa jocunda que recordaba los vastos refectorios conventuales. Yo le dije con un suspiro de pecador:

—Fray Ambrosio, diga usted una misa con esas cuatro onzas.

La boca negra del fraile abrióse sonriente:

—¿Por qué intención?

—Por el triunfo de la Causa.

Habíase alzado del sillón, mostrando talante de poner término a la visita. Yo le fijaba los ojos desde el fondo de las almohadas, y guardaba un silencio burlón, porque le veía vacilar. Al cabo me dijo:

—Tengo que trasmitirle un ruego de aquella dama... Sin que haya dejado de quererle, le suplica que no intente verla...

Sorprendido y violento me incorporé en las almohadas. Recordaba la otra celada que me había tendido aquel fraile, y juzgué sus palabras un nuevo engaño. Con orgulloso menosprecio se lo dije, y le señalé la puerta. Quiso replicar, pero yo sin responder una sola palabra, repetí el mismo gesto imperioso. Salió amenazador y brusco, barboteando amenazas. El rumor se extendió por toda la casa, y las dos señoras se asomaron a la puerta cándidamente asustadas.

★ ★ ★

Dormí toda la noche con un sueño reparador y feliz. Las campanas de una iglesia vecina me despertaron a la madrugada, y algún tiempo después las dos señoras que me atendían, asomaron a la puerta de mi alcoba tocadas con sus mantillas y el rosario arrollado a la muñeca. La voz, el ademán y el vestido eran iguales en las dos: Me saludaron con esa unción un poco rancia de las señoras devotas: Las dos sonreían con una sonrisa pueril y meliflua que parecía extenderse en la sombra mística de las mantillas sujetas al peinado con grandes alfileres de azabache. Yo murmuré:

¿Van ustedes a misa?

—No, que venimos.

—¿Qué se cuenta por Estella?

—¡Qué quiere que se cuente!...

Las dos voces sonaban acordadas como en una letanía, y la media luz de la alcoba parecía aumentar su dejo monjil. Yo me decidí a interrogar sin rebozo:

—¿Saben cómo sigue el Conde de Volfani?

Se miraron y creo que el rubor tiñó sus rostros marchitos. Hubo una laguna de silencio, y la hija salió de mi alcoba obediente a un gesto de la vieja, que desde hacía cuarenta años velaba por aquella pudibunda inocencia. En la puerta se volvió con esa sonrisa candorosa y rancia de las solteronas intactas:

—Me alegro de la mejoría, Señor Marqués.

Y con pulcro y recatado andar desapareció en la sombra del corredor. Yo, aparentando indiferencia, seguí la plática con la otra señora:

—Volfani es como un hermano para mí. El mismo día que salimos sufrió un accidente y no he vuelto a saber nada...

La señora suspiró:

—¡Sí!... Pues no ha recobrado el conocimiento. A mí quien me da mucha pena es la Condesita: Cinco días con cinco noches pasó a la cabecera de su marido cuando le trajeron... ¡Y ahora dicen que le cuida y le sirve como una Santa Isabel!

Confieso que me llenó de asombro y de tristeza el amor casi póstumo que mostraba por su marido María Antonieta. ¡Cuántas veces en aquellos días contemplando mi brazo cercenado y dándome a soñar, había creído que la sangre de mi herida y el llanto de sus ojos caían sobre nuestro amor de pecado y lo purificaban! Yo había sentido el ideal consuelo de que su amor de mujer se trasmudaba en un amor franciscano, exaltado y místico. Con celoso palpitar murmuré:

—¿Y no ha mejorado el Conde?

—Mejorado sí, pero quedóse como un niño: Le visten, le sientan en un sillón y allí se pasa el día: Dicen que no conoce a nadie.

La señora, al tiempo de hablar, despojábase de la mantilla, y la doblaba cuidadosamente para clavar luego en ella los alfilerones: Viéndome silencioso juzgó que debía despedirse:

—Hasta luego, Señor Marqués: Si desea alguna cosa no tiene más que llamar.

Al salir se detuvo en la puerta, prestando atención a un rumor de pasos que se acercaba. Miró hacia fuera, y enterada me habló:

—Le dejo en buena compañía. Aquí tiene a Fray Ambrosio.

Sorprendido me incorporé en las almohadas. El exclaustrado entró barboteando:

—No debía volver a pisar esta casa, después de la manera como fui afrentado por el ilustre prócer... Pero cuando se trata de un amigo todo lo perdona este indigno Fray Ambrosio.

Yo le alargué la mano:

—No hablemos de ello. Ya conozco la conversión de nuestra Condesa Volfani.

—¿Y qué dice ahora? ¿Comprende que este pobre fraile no merecía ayer sus arrogancias marquesiles?... Yo sólo era un emisario, un humildísimo emisario.

Fray Ambrosio me oprimía la mano hasta hacerme crujir los huesos. Yo volví a repetir:

—No hablemos de ello.

—Sí que hemos de hablar. ¿Dudará todavía que tiene en mí un amigo?

El momento era solemne y lo aproveché para libertar mi mano y llevarla al corazón:

—¡Jamás!

El fraile se irguió:

—He visto a la Condesa.

—¿Y qué dice nuestra Santa?

—Dice que está dispuesta a verle una sola vez para decirle adiós.

En vez de alegría sentí como si una sombra de tristeza cubriese mi alma, al conocer la resolución de María Antonieta. ¿Era acaso el dolor de presentarme ante sus bellos ojos despoetizado, con un brazo de menos?

★ ★ ★

Apoyado en el brazo del fraile dejé mi hospedaje para ir a la Casa del Rey. Un sol pálido abría jirones en las nubes plomizas, y comenzaba a derretir la nieve que desde algunos días marcaba su blanca estela al abrigo de los paredones sombríos. Yo caminaba silencioso: Con romántica tristeza evocaba la historia de mis amores, y gustaba el perfume mortuorio de aquel adiós que iba a darme María Antonieta. El fraile me había dicho que por un escrúpulo de santa no quería verme en su casa, y que esperaba encontrarme en la Casa del Rey. Yo, por otro escrúpulo, había declarado suspirando que si acudía adonde ella estaba, no era por verla sino por presentar mis respetos a la Señora. Al entrar en la saleta temí que a los ojos me acudiese el llanto: Recordaba aquel día, cuando al besar la mano alba y real de azules venas sentí con ansias de paladín el deseo de consagrar mi vida a la Señora. Por primera vez gusté, ante mi fea manquedad, un orgulloso y altivo consuelo: El consuelo de haber vertido mi sangre por aquella princesa pálida y santa como una princesa de leyenda, que rodeada de sus damas bordaba escapularios para los soldados de la Causa. Al entrar yo, algunas damas se pusieron en pie, cual solían cuando entraban los eclesiásticos de respeto. La Señora me dijo:

—He tenido noticia de tu desgracia, y no sabes cuánto he rezado por ti. ¡Dios ha querido que salvases la vida!...

Me incliné profundamente:

—Dios no ha querido concederme el morir por vos.

Las damas se limpiaron los ojos, emocionadas de oírme: Yo sonreí tristemente, considerando que aquella era la actitud que a lo adelante debía adoptar con las mujeres para hacer poética mi manquedad. La Reina me dijo con noble entereza:

—Los hombres como tú no necesitan de los brazos, les basta con el corazón.

—¡Gracias, Señora!

Hubo breves momentos de silencio, y un señor obispo que estaba presente, murmuró en voz baja:

—Dios Nuestro Señor ha permitido que conservase la mano derecha, que es la de la pluma y la de la espada.

Las palabras del prelado, movieron un murmullo de admiración entre las damas. Me volví, y mis ojos tropezaron con los ojos de María Antonieta. Un vapor de lágrimas los abrillantaba. La saludé con leve sonrisa, y ella permaneció seria, mirándome fijamente. El prelado se acercó pastoral y benévolo:

—¿Habrá sufrido mucho nuestro querido Marqués?

Respondí con un gesto, y Su Ilustrísima entornó los párpados con grave pesadumbre:

—¡Válgame Dios!

Las damas suspiraron: Sólo permaneció muda y serena Doña Margarita: Su corazón de princesa le decía que para mi altivez era lo mismo compadecerme que humillarme. El prelado continuó:

—Ahora que forzosamente ha de tener algún descanso, debía escribir un libro de su vida.

La Reina me dijo sonriendo:

—Bradomín, serían muy interesantes tus memorias.

Y gruñó la Marquesa de Tor:

—Lo más interesante no lo diría.

Yo repuse inclinándome:

—Diría sólo mis pecados.

La Marquesa de Tor, mi tía y señora, volvió a gruñir, pero no entendí sus palabras. Y continuó el prelado en tono de sermón:

—¡Se cuentan cosas verdaderamente extraordinarias de nuestro ilustre Marqués! Las confesiones, cuando son sinceras, encierran siempre una gran enseñanza: Recordemos las de San Agustín. Cierto que muchas veces nos ciega el orgullo y hacemos en esos libros ostentación de nuestros pecados y de nuestros vicios: Recordemos las del impío filósofo de Ginebra. En tales casos la clara enseñanza que suele gustarse en las confesiones, el limpio manantial de su doctrina, se enturbia.

Las damas, distraídas del sermón, se hablaban en voz baja. María Antonieta, un poco alejada, mostrábase absorta en su labor y guardaba silencio. La plática del prelado sólo a mí parecía edificar, y como no soy egoísta, supe sacrificarme por las damas, y humildemente interrumpirla:

—Yo no aspiro a enseñar, sino a divertir. Toda mi doctrina está en una sola frase: ¡Viva la bagatela! Para mí haber aprendido a sonreír, es la mayor conquista de la Humanidad.

Hubo un murmullo regocijado y burlesco, poniendo en duda que por largos siglos hubiesen sido todos los hombres absolutamente serios, y que hay épocas enteras durante las cuales ni una sonrisa célebre recuerda la Historia.

Su Ilustrísima alzó los brazos al cielo:

—Es probable, casi seguro, que los antiguos no hayan dicho viva la bagatela, como nuestro afrancesado Marqués. Señor Marqués de Bradomín, procure no condenarse por bagatela. En el Infierno debió haberse sonreído siempre.

Yo iba a replicar, pero me miraron severos los ojos de la Reina. El prelado recogióse los hábitos con empaque doctoral, y en ese tono agresivo y sonriente, que suelen adoptar los teólogos en las controversias de los seminarios, comenzó un largo sermón.

★   ★   ★

La Marquesa de Tor, con el gesto familiar y desabrido que solían adoptar para hablarme todas mis viejas y devotas tías, me llamó al hueco de un balcón: Me acerqué reacio porque nada halagüeño presagiaba. Sus primeras palabras confirmaron mis temores:

—No esperaba verte aquí... Ya te estás marchando.

Yo murmuré con dejo sentimental:

—Quisiera obedecerte, pero el corazón me lo impide.

—No soy yo quien te lo manda, sino esa pobre criatura.

Y con la mirada me mostró a María Antonieta. Yo suspiré cubriéndome los ojos con la mano:

—¿Y esa pobre criatura puede negarse a decirme adiós, cuando es por toda la vida?

Mi noble tía dudó: Bajo sus arrugas y su gesto adusto conservaba el candor sentimental de todas las viejas que fueron damiselas en las tertulias moratinianas:

—¡Xavier, no intentes separarla de su marido!... ¡Xavier, tú mejor que nadie debes comprender su sacrificio! ¡Ella quiere ser fiel a esa sombra detenida por un milagro delante de la muerte!...

La anciana señora me decía esto emocionada y dramática, con mi mano entre las suyas amojamadas. Yo repuse en voz baja, temeroso de que la emoción me anudase la garganta:

—¿Qué mal puede haber en que nos digamos adiós? ¡Si ha sido ella quien lo quiso!...

—Porque tú lo exigiste, y la pobre no tuvo valor para negártelo. María Antonieta desea vivir siempre en tu corazón: Quiere renunciar a ti, pero no a tu cariño. Yo, como tengo muchos años, conozco el mundo, y sé que pretende una locura. Xavier, si no eres capaz de respetar su sacrificio, no intentes hacerlo más cruel.

La Marquesa de Tor se enjugó una lágrima. Yo murmuré con melancólico resentimiento:

—¡Temes que no sepa respetar su sacrificio! Eres injusta conmigo, bien que en eso no haces más que seguir las tradiciones de la familia. ¡Cómo me apena esa idea que todos tenéis de mí! ¡Dios que lee en los corazones!...

Mi tía y señora recobró el tono autoritario:

—¡Calla!... Eres el más admirable de los Don Juanes: Feo, católico y sentimental.

Era tan vieja la buena señora, que había olvidado las veleidades del corazón femenino, y que cuando se tiene un brazo de menos y la cabeza llena de canas, es preciso renunciar al donjuanismo. ¡Ay, yo sabía que los ojos aterciopelados y tristes que se habían abierto para mí como dos florecillas franciscanas en una luz de amanecer, serían los últimos que me mirasen con amor! Ya sólo me estaba bien enfrente de las mujeres la actitud de un ídolo roto, indiferente y frío. Presintiéndolo por primera vez, con una sonrisa triste le mostré a la anciana señora la manga vacía de mi uniforme: De pronto, emocionado por el recuerdo de la niña recluida en el viejo caserón aldeano, tuve que mentir un poco, hablando de María Antonieta:

—María Antonieta es la única mujer que todavía me quiere: Solamente su amor me queda en el mundo: Resignado a no verla y lleno de desengaños, estaba pensando en hacerme fraile, cuando supe que deseaba decirme adiós por última vez...

—¿Y si yo te suplicase ahora que te fueses?

—¿Tú?

—En nombre de María Antonieta.

—¡Creía merecer que ella me lo dijese!

—¿Y ella, pobre mujer, no merece que le evites ese nuevo dolor?

—Si hoy atendiese su ruego, acaso mañana me llamase. ¿Crees que esa piedad cristiana que ahora la arrastra hacia su marido, durará siempre?

Antes que la anciana señora pudiese responder, una voz que las lágrimas enronquecían y velaban, gimió a mi espalda:

—¡Siempre, Xavier!

Me volví y halléme enfrente de María Antonieta: Inmóvil y encendidos los ojos me miraba. Yo le mostré mi brazo cercenado, y ella con un gesto de horror cerró los párpados. Había en su persona tal mudanza que aparentaba haber envejecido muchos años. María Antonieta era muy alta, llena de altiva majestad en la figura, y con el pelo siempre fosco, ya mezclado de grandes mechones blancos. Tenía la boca de estatua y las mejillas como flores marchitas, mejillas penitentes, descarnadas y altivas, que parecían vivir huérfanas de besos y de caricias. Los ojos eran negros y calenturientos, la voz grave, de un metal ardiente. Había en ella algo extraño de mujer que percibe el aleteo de las almas que se van, y comunica con ellas a la media noche. Después de un silencio doloroso y largo, volvió a repetir:

—¡Siempre, Xavier!

Yo la miré intensamente:

—¿Más que mi amor?

—Tanto como tu amor.

La Marquesa de Tor, que tendía por la sala su mirada cegata, nos advirtió en voz queda y aconsejadora:

—Si habéis de hablar, al menos que no sea aquí.

María Antonieta asintió con los ojos, y severa y muda se alejó cuando algunas damas ya comenzaban a mirarnos curiosas. Casi al mismo tiempo hacían irrupción en la sala los dos perros del Rey. Don Carlos entró momentos después: Al verme adelantóse y sin pronunciar una sola palabra me abrazó largamente: Luego comenzó a hablarme en el tono que solía, de amable broma, como si nada hubiese cambiado en mí. Confieso que ninguna muestra de su aprecio pudiera conmoverme tanto como me conmovió aquella generosa delicadeza de su ánimo real.

★   ★   ★

Mi señora tía la Marquesa de Tor me hace seña de que la siga, y me conduce a su cámara, donde llorosa y sola espera María Antonieta: Al verme entrar se ha puesto en pie clavándome los ojos enrojecidos y brillantes: Respira ansiosa, y con la voz violenta y ronca me habla:

—Xavier, es preciso que nos digamos adiós. ¡Tú no sabes cuánto he sufrido desde aquella noche en que nos separamos!

Yo interrumpo con una vaga sonrisa sentimental:

—¿Recuerdas que fue con la promesa de querernos siempre?

Ella a su vez me interrumpe:

—¡Tú vienes a exigirme que abandone a un pobre ser enfermo, y eso jamás, jamás, jamás! Sería en mí una infamia.

—Son las infamias que impone el amor, pero desgraciadamente ya soy viejo para que ninguna mujer las cometa por mí.

—Xavier, es preciso que me sacrifique.

—Hay sacrificios tardíos, María Antonieta.

—¡Eres cruel!

—¡Cruel!

—Tú quieres decirme que el sacrificio debió ser para no faltar a mis deberes.

—Acaso hubiera sido mejor, pero al culparte a ti me culpo a mí también. Ninguno de los dos supo sacrificarse, porque esa ciencia sólo se aprende con los años, cuando se hiela el corazón.

—¡Xavier, es la última vez que nos vemos, y qué recuerdo tan amargo me dejarán tus palabras!

—¿Tú crees que es la última vez? Yo creo que no. Si accediese a tu ruego volverías a llamarme, mi pobre María Antonieta.

—¡Por qué me lo dices! Y si yo fuese tan cobarde que volviera a llamarte, tú no vendrías. Este amor nuestro es imposible ya.

—Yo vendría siempre.

María Antonieta levanta al cielo sus ojos, que las lágrimas hacen más bellos, y murmura como si rezase:

—¡Dios mío, y acaso llegará un día en que mi voluntad desfallezca, en que mi cruz me canse!

Yo me acerco hasta beber su aliento, y le cojo las manos:

—Ya llegó.

—¡Nunca! ¡Nunca!...

Intenta libertar sus manos pero no lo consigue. Yo murmuré casi a su oído:

—¿Qué dudas? Ya llegó.

—¡Vete, Xavier! ¡Déjame!

—¡Cuánto me haces sufrir con tus escrúpulos, mi pobre María Antonieta!

—¡Vete! ¡Vete!... No me digas nada... No quiero oírte.

Yo le beso las manos:

—¡Divinos escrúpulos de santa!

—¡Calla!

Con los ojos espantados se aleja de mí. Hay un largo silencio. María Antonieta se pasa las manos por la frente y respira con ansia. Poco a poco se tranquiliza: En sus ojos luce una resolución desesperada cuando me dice:

—Xavier, voy a causarte una gran pena. Yo ambicioné que tú me quisieras como a esas novias de los quince años. ¡Pobre loca! Y te oculté mi vida.

—Sigue ocultándomela.

—¡He tenido amantes!

—¡La vida es así!

—¡No me desprecias!

—No puedo.

—¡Pero te sonríes!...

Yo le respondo cuerdamente:

—¡Mi pobre María Antonieta, me sonrío porque no hallo motivo para ser severo! Hay quien prefiere ser el primer amor: Yo he preferido siempre ser el último. ¿Pero acaso lo seré?

—¡Qué crueles son tus palabras!

—¡Qué cruel es la vida cuando no caminamos por ella como niños ciegos!

—¡Cuánto me desprecias!... Es mi penitencia.

—Despreciarte, no. Tú fuiste como todas las mujeres, ni mejor ni peor. Ahora acabas en santa. ¡Adiós, mi pobre María Antonieta!

María Antonieta solloza, y desgarra con los dientes el pañolito de encajes: Se ha dejado caer en el sofá: Yo, en pie, permanezco ante ella. Hay un silencio lleno de suspiros. María Antonieta se enjuga los ojos, me mira y sonríe tristemente:

—Xavier, si todas las mujeres son como tú me juzgas, yo tal vez no haya sido como ellas. ¡Compadéceme, no me guardes rencor!

—No es rencor lo que siento, es la melancolía del desengaño: Una melancolía como si la nieve del invierno cayese sobre mi alma, y mi alma, semejante a un campo yermo, se amortajase con ella.

—Tú tendrás el amor de otras mujeres.

—Temo que reparen demasiado en mis cabellos blancos y en mi brazo cercenado.

—¡Qué importa tu brazo de menos! ¡Qué importan tus cabellos blancos!... Yo los buscaría para quererlos más. ¡Xavier, adiós por toda la vida!...

—¿Quién sabe lo que guarda la vida? ¡Adios, mi pobre María Antonieta!

Estas palabras fueron las últimas. Después ella me

alarga· su mano en silencio, yo se la beso y nos separa-
mos. Al trasponer la puerta sentí la tentación de volver
la cabeza y la vencí. Si la guerra no me había dado
ocasión para mostrarme heroico, me la daba el amor al
despedirse de mí, acaso para siempre.